だいわ文庫

やってのける

意志力を使わずに自分を動かす

ハイディ・グラント・ハルバーソン＝著
児島 修＝訳

大和書房

SUCCEED
How We Can Reach Our Goals
by Heidi Grant Halvorson

This edition published by arrangement with
Avery, a member of Penguin Group (USA) Inc.
through Tuttle-Mori Agency, Inc,. Tokyo

目次

第5章 ただ成功してもうれしくない

――満足をもたらす三つの要素……130

第6章 欲しいものと邪魔なもの
――どんな目標も攻略できる……148

第11章 現実を見よ
——現実的なオプチミストになる

Introduction

成し遂げるための科学

なぜ、人は目標を達成できないのでしょうか。

仕事、健康、人間関係、家計——誰でも一つくらいは（実際には、一つですむことはまずありませんが）、本気で取り組みたいことがあるはずです。わたしたちは、よりよくなりたいと考え、実際にそれを試みます。しかし、なかなか思うように目標を達成できません。そして、その原因を自分に何かが足りないからだと考えます。でも、それは大きな間違いです。

わたしは長年、社会心理学者として目標達成と動機付けを研究してきました。この分野の膨大《ぼうだい》な文献を読み、社会人、学生、子どもなど幅広い人びとを対象にさまざまな実験を行ってきました。本書は、わたしのこれまでの研究の集大成です。

目標達成には、きわめて重要な概念がいくつか存在します。この導入部では、そのうちの二つを紹介します。

わたしたちの多くは、失敗の原因を誤解しています。成功者と呼ばれる人も例外ではありません。わたし自身、目標達成を生涯の研究テーマにすると決める前は、同じ考えを持っていました。勉強は得意だけどスポーツが苦手なのは、生まれつきだから仕方がないと思っていたのです。その後、研究を進めていくうちに、それが間違いだと気づきました。

一番目の概念は、「目標を達成できるかどうかは、生まれつきの資質のみでは説明できない」というものです。

そして二番目は、「目標を達成する能力は、誰でも高められる」ということ。断言します。誰でも、です。

それを実現するためのステップはたったの二つ。まずは、目標達成についての現在の考えをいったん忘れること。もう一つは、そう、この本を読むことです。

なぜそんな「行動」をしてしまうのか？

アメリカ政府のウェブサイト（www.USA.gov）には、いささか意外な情報が載っています。それは、一般市民が新年に立てる誓いです。とくに多いのが「減量」と「禁煙」。毎年一月になると、多くの人びとが「今年こそ運動をして健康になり、スリムなジーンズをはこう」「煙草《たばこ》にこれ以上無駄なお金を費やすのを止めよう」と決意するのです。

アメリカ疾病《しっぺい》対策予防センターの最近の報告によると、アメリカ人の三分の二が太り気味で、そのうち半分は肥満です。太っていると心臓病や糖尿病のリスクが高まるだけでなく、社会からも厳しい視線を向けられます。書店にはダイエット本が溢れ、痩《や》せたいと強く願っている人もごまんといます。それでも、減量に成功し、スリムな体形を維持できる人はごくわずかです。アメリカ人は依然として太りすぎであり、細身のジーンズはクローゼットのなかで眠ったままです。

同センターは喫煙についての調査結果も報告しています。現在、アメリカの喫煙者の割合は人口の約二割。そのうちの七割が禁煙したいと考え、さらにそのうちの約五割（千九百万人）が過去一年の間に実際に一日以上の禁煙を試みています。しかし、成功したのはわずか三百万人。つまり実際に禁煙に挑戦した人のうち八五％が失敗しているのです。煙草を吸い続ければ、健康を大きく損ね、死のリスクを高めます。それでも毎年、約五十万人ものアメリカ人が、喫煙を原因とする疾病によって死亡しています。もちろん、禁煙に失敗した八五％の人も、煙草の害の大きさを知っているはずです。

禁煙に取り組む人の動機付けが高いことは明らかです。「失敗したら命を失うかもしれない」と考えることほど、モチベーションを大きく高めてくれるものは、そうはないはずです。しかし、これほどまでに健康リスクが高いものを、多くの人はやめられません。その理由としてよく挙げられるのが（そして、おそらく読者の皆さんが心に浮かべたものは）、「意志の力」です。

一般に、意志の力は誘惑に打ち勝つためには欠かせないものであり、生まれつきの資質であるとも考えられています。「世の中には意志の強い人（痩せていて、煙草を吸わず、周囲から尊敬のまなざしで見つめられる）と、弱い人（人生の敗者であり、何事もうまくできず、尊敬に値しない）がいる」――このような考えを持つ人が大勢います。

これは自分の欠点を見るときにも当てはまります。わたしたちは、職場や学校、家庭で、「どうしても煙草をやめられない」「甘いものを我慢できない」「プロジェクトを続けられない」と嘆きます。そして、その原因を持って生まれた自分の意志の弱さだと見なし、無理に努力や我慢をしても無駄ではないかと考えます。

嬉しいことに、それは無駄ではありません。意志の力の正体は、一般に思われているようなものではないからです。心理学では、意志の力を「自制心（セルフコントロール）」と呼びます。自制心は、本書でいくつか紹介する、目標達成に不可欠な能力の一つであり、誘惑に打ち勝ち、他の目標とうまくバランスを取りながら目標に向かって粘り強く進むために大きく役立つものです。ただしその正体は、おそらく皆さんが想像しているものとは違います。

自制心だけでは「自分」を動かせない

まず、自制心とは、「誰かにはあり、誰かにはない」ようなものではありません。もしそうだとすれば、世界中の人を、〝何事においても成功できる勝者〟と〝何事にも失敗してしまう敗者〟にはっきりと区別できるはずです。

もちろん、そんなことはありません。たしかに、自制心が優れている人はいますが、誰にでも自制心はあります。そして、どれだけ自制心が優れていても、失敗はします。それを如実《にょじつ》に物語るのが、各分野で活躍する有能な人ですら、他の誰もと同じように減量や禁煙などの新年の誓いを達成できずに苦しんでいるという事実です。

有名人の多くが、何度もダイエットに失敗していると告白しています。スーパーのレジ付近のラックに陳列された芸能雑誌にはよく、芸能人のダイエットに関する記事が載っています。減量に成功して見事に痩せた姿を披露することもありますが、減量に失敗して太りすぎた姿をさらすことも少なくありません。

重要なのは、「何をすべきかを知らないために失敗する」のではなく、「何をすべきかを知っていながら失敗する」人がほとんどだという点です。誰でも、食べる量を減らしてたくさん運動をすれば痩せることを知っています。しかし、知っていることと、実行することは別の話です。減量、禁煙、勉強、仕事、人間関係——誰もが、自分の問題が何であるかを知っていながら、同じ間違いを繰り返します。目標を達成できなければ、望ましくない結果が待っていて、周囲から冷たい目で見られるとわかっているにもかかわらず、です。

きわめて大きな成功を収めた人物が、新年の誓いを守れずに苦しんでいる例を挙げましょう。何度も禁煙を宣言しては失敗を繰り返しているその人は、他ならぬ元アメリカ大統領、バラク・オバマです。二〇〇七年二月、当時上院議員だったオバマは、シカゴトリビューン紙にきっぱりと禁煙を誓っています。

「この数年間、何度も禁煙に挑戦してきた。妻からも強烈なプレッシャーをかけられていたが、選挙キャンペーンのストレスで我慢できなかった。だが今度こそ決意した。わたしは煙草をやめる」

しかし、それは長くは続きませんでした。大統領に選出されたオバマは二〇〇八年の後半、ニュースキャスターのトム・ブローカーに「やめるにはやめたが、たまに吸ってしまうことがある」と語っています。〇八年十二月のニューヨークタイムズは、「冗談めかして話をはぐらかすところをみると、大統領はおそらく多くの人と同じく、新年の誓いを守れていないようだ」と書いています。

元大統領のスタッフもこの件については口を閉ざしていますし、わたしには彼が禁煙に成功したかどうかを確認する術《すべ》はありません。もちろん成功を願っていますが、たとえ失敗していたとしても、とくに驚くべきことではありません。禁煙に成功する人は、十回以上の挑戦を繰り返してようやく目標を達成するのが普通なのですから。

オバマ元大統領には、自制心が欠けているのでしょうか？　そんなことはないはずです。彼は世界でもっとも影響力の強い職に、実力で上り詰めた人物です。決して裕福とは言えない家庭に生まれ、幼い頃に両親が離婚。並外れた知性と大きな志だけで、その地位を手に入れたのです。オバマの熱心な支持者でない人でも、彼がずば抜けた目標達成能力を持つことには異論を挟まないはずです。

各分野で成功を収めた人たちは、数え切れないほどの困難や苦境を乗り越えてきたはずです。ミュージシャンや俳優、政治家になるという夢を実現するのはほんの一握りの人だけです。このような成功を収めるには、きわめて優れた自制心が要るはずです。その優れた自制心を持つはずの元大統領が、何度も禁煙に失敗している――この事実は、何を意味しているのでしょうか？

ラディッシュ実験の驚くべき結果

その理由は、自制心の真の姿を知ることで理解できます。心理学の成果によって、自制心が「筋肉」のようなものだということがわかりはじめています。そう、二頭筋や三頭筋などの、あの筋肉です。

自制心の強さは、筋肉と同じように変化します。個人差があるだけでなく、同じ人でも状況によって強い場合と弱い場合があるのです。鍛え上げた二頭筋でも激しく使えば疲労するように、自制心も疲労します。それをうまく説明するのが、ロイ・バウマイスターらによる実験です。

空腹状態にある学生を、部屋に一人で入らせます。部屋のなかにあるテーブルには、チョコレートと生のラディッシュが入っている皿が置かれています。一方のグループには、チョコレートには手を出さず、ラディッシュを三個食べるよう指示します。もう一方の（幸運な）グループには、チョコレートを三個食べるよう指示します。

ラディッシュを食べたグループは、チョコレートのグループよりも自制心を多く使ったと考えられます。生のラディッシュを美味しいと感じる人はめったにいませんし、目の前にあるチョコレートを我慢するのもつらいはずだからです。

次に、被験者がどれくらい自制心をすり減らしたかを調べるために、両方のグループにパズルを解かせます。このパズルは非常に難しいものです（じつは、いくら頑張っても解けない仕組みになっています）。被験者がパズルを解くのをあきらめるまでに要した時間を比較したところ、「筋肉」理論から予測される通り、ラディッシュのグループのほうが、パズルを解くのを早くあきらめたことがわかりました。また、強い疲労感も見られました。

生のラディッシュを食べなくてはならない状況に置かれることはないはずのわたしたちにとって、この実験結果は何を意味するのでしょうか。スポーツクラブでエクササイズを終えた直後、筋肉は運動開始前よりも疲労しています。同じように、何かを成し遂げた直後（たとえば、アメリカ大統領として一日の仕事を終えたとき）は、自制心をかなり消耗してしまっているのです。最近の研究では、買いものなどのちょっとした判断や、人にいい印象を与えようとするなど、日常的な些細《ささい》な行動でも、多くのエネルギーが消費されていることがわかっています。

ある分野で大きな成功を収めている人は、日々、人並み以上の仕事をこなしています。そのため、ストレスが多く、自制心を必要とする毎日を過ごしていると考えられます。ストレスが多ければ自制心も消耗し、結果として他の目標の達成が難しくなります。テレビ司会者のオプラ・ウィンフリーは雑誌のインタビュー記事で、ここ最近太ってしまった理由についてこう述べています。

「体重が増えてしまったのは、ダイエットの失敗や運動不足の問題ではないと思う。むしろ、それは生活のバランスの問題。働き詰めで遊ぶ暇もなく、リラックスする余裕がなかった。心がカラカラにひからびてしまったの」

最後の一言が、この問題の本質を突いているように思えます。自制心は、使いすぎると枯渇《こかつ》してしまうのです。

自制心は鍛えなければ衰える

おそらく、あなたはいま、こう考えているかもしれません。

「なるほど、わたしが減量に失敗するのは、意志が弱いからではなく、仕事などの他の目標に〝自制心〟を使っていたからなのか。でも、それが減量にどう役立つの？」

お答えしましょう。自制心の仕組みを理解すれば、それに応じた対処ができるようになります。

ここでも筋肉の喩《たと》えが役立ちます。筋肉の疲労は、休息によって回復します。同じように、自制心も時間とともに回復します。自制心がもっとも弱まるのは、それを使い切った直後です。その時点では抗《あらが》いがたく感じた誘惑も、時間の経過とともにそれほどきつくはなくなっていきます。目の前のデザートや一本の煙草を我慢することが拷問《ごうもん》のように感じられることもありますが、それは永遠には続きません。つらさのピークが過ぎ去れば、自制心は次第に回復します。これを理解することで、自制心の一時的な衰弱にうまく対処しやすくなります。

自制心の一時的な不足は、褒美や報酬を適切に用いることで補える場合もあります。心理学者のマーク・ムラバンらは、ある実験を行いました。被験者の学生に、俳優のロビン・ウィリアムズが出演するスタンダップコメディの動画を五分間、視聴させます。被験者の半分には、動画を見ても笑ってはいけないと伝えます。声を出して笑うのはもちろん、笑みを浮かべてもいけません。これは、多くの自制心を必要とします（とても面白いコメディなのです）。

次に、被験者の自制心が弱まったかどうかを調べるために、オレンジ味の清涼飲料水〈クールエイド〉に、砂糖ではなく酢を加えたものを飲ませます。美味しいとは言えませんが、苦い薬と同じように、無理をすればいくらかは飲めるものです。学生には、クールエイドを一定量飲むごとに報酬を与えますが、片方のグループには約三〇ccにつき一セント、もう一方のグループには二十五セントと金額に差をつけます。

低い報酬額（一セント）を提示されたグループでは、動画で笑いを我慢した学生は、笑うことを許された学生の半分しかクールエイドを飲みませんでした。笑いをこらえるために自制心を多く使ってしまい、酢入りのクールエイドを飲む余力がなくなったと考えられます。ところが、高い報酬額（二十五セント）を提示すると、どちらのグループもほぼ同量のクールエイドを飲んだのです。

正確には、報酬によって高められたのは自制心ではなくモチベーションです。報酬を適切に用いてモチベーションを上げると、自制心の不足を一時的に補える場合があるのです。ただし、報酬は適切なものにしなければなりません。たとえば減量が目標なら「二キロ痩せたらごほうびに美味しいものをたらふく食べる」ことを報酬にすべきではありません。減量に成功した人の多くは、ごほうびを食べものにしなかったことが効果的だったと答えています。このように、モチベーションを高めることで、自制心が弱まったときにも、誘惑に負けにくくなります。

前述したように、自制心は「生まれつきのものであり、努力しても高められない」と誤解されています。しかし、自制心は筋肉と同じように鍛えられます（逆に、鍛えなければ弱まります）。最新の研究では、日常的な鍛錬《たんれん》（「エクササイズをする」「家計簿をつける」「食事の内容を記録する」など）によって、自制心が総合的に強化されることがわかっています。二週間、毎日エクササイズをした被験者が、健康面での向上だけでなく、「流しに食器を溜めない」「衝動的な買いものをしない」などの他の面での自制心の向上を示したのです。

別の実験では、被験者に自制心が求められる行動（「利き手と逆の手で歯磨きや食事、ドアの開閉、マウスの使用などを行う」「言葉遣いに気をつける」など）を行わせたところ、何もしなかった対照群のグループと比べ、自制心が求められる作業を効果的に行えるようになったことがわかりました。

最新の科学が常識をひっくりかえす

自制心について詳しく説明してきたのは、それが重要だということ以外にも理由があります。「常識だと見なされている考えがいかに目標達成の妨《さまた》げになっているか」「心理学の成果がいかにわたしたちの暮らしに役立つものになり得るか」を表す好例だからです。心理学が教えてくれる知恵は、日々の暮らしのなかで大いに活用できるものなのです。

もちろん、本書のテーマは自制心だけではありません。この本の最大のテーマは目標達成であり、自制心はパズルのピースの一つです。おそらく皆さんは、これまでに目標達成についてのさまざまなアドバイスを聞かされてきたはずです。「ポジティブに考える」「計画を立てる」「とにかく行動する」などはその代表格ではないでしょうか。

心理学では、これらの考えをどう捉えているのでしょう。

ポジティブ思考は、本当に効果的なのでしょうか（いいえ、残念ながら、つねに効果的とは限りません）。計画を立てることは本当に大切なのでしょうか（はい。とても大切です）。食べる量を減らして運動をすれば痩せられることはわかっていながら、なかなか実践できない——こんな人でも本当に行動できるようになるのでしょうか（はい。必ず実行できるようになります）。

本書のアドバイスには、多くの読者にとって意外なものも含まれているはずです。しかし、これらにはすべて心理学的な裏づけがあります。わたし自身の研究を含めた、世界中の心理学者による数十年におよぶ実験や調査の賜物《たまもの》です。

ただし、目標を達成する能力を高めるには、いくつかの重要な概念を理解しなければなりません。本書のタイトルを『あらゆる目標が簡単に達成できる三つの方法』のようなものにできればよかったのですが、残念ながら現実はもっと複雑です。知っておくべきことは、三つ以上あります。

たとえば、同じ目標でも、その捉え方は一つではありません。昇進という目標を心に抱いていても、「昇進したい」と考えるのと「昇進しなければならない」と考えるのでは意味合いが変わります。何かを学ぶときも、「技能を身につけたい」と考えるか「能力を周りに示したい」と考えるかによって、大きな違いが生じます。これらの違いは、目標達成においてとても大きな意味を持ちます。

目標設定の枠組みが違えば、達成へのアプローチも、陥《おちい》りやすい失敗のパターンも変わります。「目の前の行動に集中しやすくなるが、過程をあまり楽しめない」目標もあれば「過程は楽しみやすくなるが、成果はすぐに表れない」目標もあります。成功を強く信じることがよい結果をもたらす場合もあれば、そうでない場合もあります。でも、ご心配なく。目標達成は三つのポイントに要約できるほど単純なものではありませんが、とてつもなく複雑なものでもありません。

本書ではまず、職場、人間関係、自己成長など、あらゆる目標達成に当てはまる原則を紹介します。

それから目標のさまざまなタイプと、それらの重要な違いに焦点を当て、最適な目標を設定するにはどうすればよいかを説明します。

そして最後に、わたしたちがなぜ目標達成に失敗するのかについて、その理由を細かく見ていくと同時に、失敗を回避し目標を達成するための、シンプルで効果的なアプローチを提示します。

ここ十年から二十年の間に、目標達成に関する社会心理学的研究は目覚ましい進歩を遂げました。本書の目的は、これらの学術的研究の成果をわかりやすく一般に開放し、読者の皆さんに役立つ情報を提供することです。

さあ、一緒に目標達成の旅に出かけましょう。

第1章

ゴールをかためる

──目的地は定まっているか？

どこかへ行くために、まず初めにすべきことが何かを教えましょう。それは、「どこへ行くかを決めること」です。

なぜわざわざそんな当たり前なことを、と思うかもしれませんが、その当たり前ができていないケースが驚くほど多いことがわかっています。「自分はちゃんと目標を立てている」と考えているつもりでも、実際には、何をするかを具体的に決めないまま、単に幸せになりたい、健康になりたい、成功したいと願っていることがほとんどなのです。

誰でも、いくつもの願望を持っています。しかし、その願望を具体的な目標にしている場合は多くありません。はっきりとした目標に落とし込まなければ、願望はいつまでたっても願望のままです。「どこか暖かいところに行きたいなあ」と夢想しているだけでは、南の島での素敵な休暇は実現しません。

そう、目標の設定はとても重要です。この章でも、その理由を示す研究結果を紹介します。しかし、それ以上に重要なことがあります。

それは、目標をどう設定するか、です。

目標を持つだけで、すべてがうまくいくわけではありません。目標にはさまざまなタイプがあります。その違いに注目することで、ゴールに近づきやすくなるのです。

「ベストを尽くせ」はなぜ無意味か？

誰かを励ましたり、やる気を与えたりしたいとき、わたしたちはよく「ベストを尽くせ」と言います。この言葉には「過度のプレッシャーは与えずに、持てる力を最大に発揮してもらいたい」という期待が込められています。しかし実際には、その言葉によってベストの結果が得られることはほとんどありません。

そもそも、「ベスト」はとても漠然とした言葉です。たとえば上司が部下に仕務を与え、「ベストを尽くしてくれ」と言ったとします。しかし上司は、仕事の成果を見て、それがベストであると判断できるのでしょうか。部下自身ですら、自分のベストが何かをはっきりとはわかっていないはずです。

現実には、「ベストを尽くせ」と言われて、「よし、限界ぎりぎりまで全力で仕事に取り組むぞ」と思う人はまずいません。

代わりに、「そこそこ頑張れば、上司はそれをベストだと信じてくれるだろうし、満足もしてくれるはずだ」と考え、適度に頑張ろうとします。「ベストを尽くせ」という励ましの言葉は、明確な目標が定められていないために、ベストからはほど遠い結果しか生み出してはくれないのです。

人は求められた以上のことはしない

「ベストを尽くせ」よりはるかに有効なのが、「具体的で難易度が高い目標」の設定です。組織心理学者のエドウィン・ロックとゲイリー・レイサムが、このタイプの目標の驚くべき効果を明らかにしています。二人は、「具体的で難易度が高い目標」が、「曖昧で難易度が低い目標」に比べ、はるかに高いパフォーマンスを生み出すことを発見しました。これは「自分で設定した目標」「他者が設定した目標」「他者と共に設定した目標」のすべてに当てはまります。

このタイプの目標は、なぜ動機付けを高めるのでしょうか。「具体的」についての説明は簡単です。何が求められているかを正確に知ることで、適当な仕事でお茶を濁したり、自分自身に「これくらいで十分だ」と言い訳をしたりすることができなくなります。

目標がはっきりしていなければ、低きに流れるのは簡単です。疲れている、気分が乗らない、退屈だ——そんな理由で、簡単に誘惑に負けてしまいます。

しかし、はっきりとした目標があればごまかしは利きません。達成できるかできないか——白か黒のどちらかしかないのです。

「難易度が高い」についてはどうでしょうか。ハードルを上げれば、自ら災難を招いてしまうことにはならないのでしょうか。嬉しいことに、そうはなりません。もちろん、あまりにも難易度の高い非現実的な目標は設定すべきではありません。キーワードは、「難しいが可能」、です。難易度の高い目標は、自然と意欲や集中力を高めてくれます。粘り強く目標に取り組み、自ずと最適な方法を選ぶようにもなります。

ロックとレイサムはこれを、さまざまな職業人を対象にして調査しました。二人は木材の運送業者を対象にした一九七〇年代の研究で、加工場まで木材を運ぶ労働者が、法律で定められた積載量の上限の六〇%の量しか木材をトラックに積んでいないことに注目しました。労働者には、積載する木材の量についての具体的な目標がありませんでした。そこで、上限の九四%という目標を設定したところ、九か月後、木材の量は上限の九〇%にまで上昇したのです。

この研究からわかるように、人は求められた以上のことはしない傾向があります。逆に言えば、自分自身に対しても、人に仕事を依頼するときも、目標を明確に設定すれば、望む結果を得やすくなります。

難しい目標に取り組む人は、つらい思いをするわけではありません。高い目標の設定は、パフォーマンスを高める以外にもメリットがあります。これまでの人生で達成した困難な目標を思い出してみてください。簡単な目標のときと比べて、大きな達成感を味わったはずです。難しい目標の達成は、大きな充実感や満足感をもたらします。このような喜びは、容易な目標からは得られません。仕事の難易度が高いと感じている人ほど、高い満足感や幸福感、達成感を得ていることもわかっています。

仕事への満足感はパフォーマンスを高め、高いパフォーマンスはさらなる満足感を導きます。仕事で得た満足感は、自信と組織への忠誠心を高め、より高い目標に挑む意欲を生みます。それが、パフォーマンスと満足感のさらなる向上につながるのです。「具体的で難易度が高い」目標の設定は、このような成功と満足感の好循環をつくり出します。この好循環は仕事だけでなく、日常生活のあらゆる局面で利用できます。

「思考タイプ」をテストする

行動や目標は、じつにさまざまな方法で描写できます。掃除機をかけることは、「家のなかをきれいにする」とも、「床にあるホコリやゴミを吸い取る」とも捉えられます。数学のテストでAを取ることは、「できるだけ多くの問題に正解する」にも、「代数をマスターする」にもなり得ます。定期的にエクササイズをすることは、「五キロ痩せる」とも、「健康になる」とも見なせます。

まず、普段、あなたが自分の行動をどのように捉えているかを調べてみましょう。ノートか紙に、次の質問の答えを書いてください。これらの質問には、正解はありません。自分に当てはまるほうを選択してください。

Q1　ToDoリストをつくることは……

a：頭のなかを整理すること

b：すべきことを書き出すこと

Q２　家のなかを掃除することは……
ａ：快適な住まいをつくること
ｂ：床に掃除機をかけること
Q３　家賃を払うことは……
ａ：生活する場所を確保すること
ｂ：銀行に振込みをすること
Q４　ドアに錠をかけることは……
ａ：錠前にキーを差し込むこと
ｂ：家の安全を守ること
Q５　人に挨拶《あいさつ》することは……
ａ：「こんにちは」と言うこと
ｂ：相手に好意を示すこと
回答に次の数字を当てはめ、合計点を算出してください。

Q1（a＝2、b＝1）、Q2（a＝2、b＝1）、Q3（a＝2、b＝1）、Q4（a＝1、b＝2）、Q5（a＝1、b＝2）

合計点が8以上の人は、自身の行動を抽象的に考えるタイプです。つまり、日々の行動を「なぜ」という理由と共に考える傾向があります。このタイプの人は、たとえば掃除機をかけることを、「家のなかをきれいにすること」と見なします。

合計点が7以下の人は、具体的に物事を考えるタイプです。文字通り、行っていることを「何」の視点でそのまま捉える傾向があるのです。このタイプの人にとって、掃除機をかけることは「ホコリやゴミを吸い取ること」を意味します。

掃除機をかけることは、「家のなかをきれいにする」ことでもあり、「ホコリやゴミを吸い取る」ことでもあります。つまり、どちらも正解です。しかし、そこには明確な違いがあります。そして、この違いはとても重要です。なぜなら、抽象的な「なぜ」と、具体的な「何」の違いは、動機付けにおいてそれぞれよい面とよくない面があるからです。

どちらの考え方も、ある状況ではプラスに、別の状況ではマイナスに作用します。このため、状況に応じて適切なほうを採用することが大切です。幸い、この調整はそれほど難しくはありません。

難易度で「やる気を出す方法」を変える

まず、抽象的な「なぜ」について考えてみましょう。

抽象的な思考は、小さな行動を大きな意味や目的に結びつけられるため、意欲を高めやすくなります。面倒でやる気がわかない作業も、意義のあるものとして捉えられるようになるのです。残業しなければならなくなったときは、「あと一時間、コンピューターに向かってキーを打つ」と考えるよりも、「このひと頑張りがキャリアアップに結びつく」と考えるほうが、モチベーションを上げやすくなります。その意味では、わたしたちが多くの場合、この「なぜ」の思考を好むのも驚くことではありません。

誰かに何かをしてほしいときにも、「なぜ」は効果的です。子どもに勉強をさせたいのなら、「早く教科書を広げて、元素の周期表を暗記しなさい」と言うよりも、「この勉強は大学入試に役立つわよ。素晴らしいキャンパスライフを目指して頑張りましょう」と伝えてあげるほうが、子どものやる気を刺激しやすくなります。どちらの場合も元素記号を覚えなくてはなりませんが、「なぜ勉強するのか」という理由を理解することで、意欲が高まるのです。丸暗記しなさいと言うだけでは、子どもは熱心に机に向かわないでしょう。
一方、目の前の行為そのものを考える具体的な「何」の思考法は、難しく、不慣れで、複雑な行動や学習をする必要があるときに効果を発揮します。たとえば初めて掃除機を使う人にとっては、「家のなかをきれいにしよう」と考えるよりも、「この道具を使ってホコリを吸い取ろう」と考えるほうが、うまく掃除機を使えるはずです。

心理学者のダン・ウェーグナーらは、被験者にコーヒーを飲ませ、その後で「コーヒーを飲むこと」を描写する三十の文章のなかから、たったいましたばかりの行動（コーヒーを飲む）に近いと思われるものを選ばせるという実験を行いました。文章には、抽象的な「なぜ」の考えを表すもの（「カフェインの刺激を楽しむ」「すっきりとした気分になる」）と、具体的な「何」の考えを表すもの（「液体を飲む」「コップを口につける」）があります。

被験者はすべてコーヒーの常飲者です。片方のグループには、一般的なマグカップでコーヒーを飲ませました。他の半分には、持ちにくい形をした、二百グラムもある重たいマグカップを使わせました。

普通のマグカップでコーヒーを飲んだ人は、「なぜ」の記述が当てはまる文章を好みました。つまり、コーヒーの常飲者は、普段通りにコーヒーを飲むときに、その理由を考える傾向があると言えます。

一方、持ちにくく、重たいマグカップでコーヒーを飲んだ人は、「マグカップを口のところまで持ち上げる」のような、具体的な記述を好みました。不慣れなマグカップからこぼさずに飲むためには、コーヒーを飲む理由ではなく、行為そのものに意識を向ける必要があったのです（取っ手をしっかりつかみ、口の位置まで持ち上げ、液体を飲み込む）。「なぜ」の抽象的な考えをしていたら、手を滑らせて、服に熱いコーヒーをこぼしていたかもしれません。

ウェーグナーらは、大学生に「手」または「箸《はし》」のどちらかでシリアルを食べさせる実験を行い、同様の結果を得ています。普段は使うことのない箸でシリアルを食べた学生は、自らの行動を、「手を動かす」「口に食品を入れる」などと具体的に記述することを好みました。

一方、シリアルを手でつかんで食べた学生は、「お腹を満たす」「栄養を補給する」などの抽象的な記述を好みました。ここでも、抽象的な思考よりも、シンプルで具体的な思考のほうが、難しい動作を行いやすくなることが示されました。

「なぜ」を考えるとやる気が出る

何事であれ、物事は繰り返し行うと、経験が深まり、楽に行えるようになっていきます。そして次第に、それを「なぜ」という理由を考えながら行うようになります。たとえばある実験では、飲酒経験の少ない二十代前半の被験者は、お酒を飲む行為を「液体を飲み込む」「コップを持ち上げる」などと描写する傾向がありました。一方、アルコール依存症患者は、「緊張を和《やわ》らげる」「退屈をしのぐ」などと描写する傾向がありました。

飲酒に不慣れな若者は、アルコールを口にする理由をうまく説明できず、逆にアルコール依存症患者は、その理由を知りすぎるほど知っていたのです。

「なぜ」という視点で捉えると、日々の小さな行動にも、意義を感じやすくなります。理由が明確になることで、小さな行動が、大きな目標を達成するための一歩に変わるのです。その結果、衝動的な行動は減り、誘惑にも負けにくくなり、前もって行動を計画するようになります。また、外部的な要因（「他者」「ツキ」「運命」など）にも左右されにくくなります。

「何」を考えると難しい行動ができる

「何」を基準にすると、具体的な行動（A点からB点へどう進むか）に意識が集まります。

「何」の考えには、「やる気を高めにくい」「〝木を見て森を見ず〟の陥穽《かんせい》にはまりやすい」などの弱点はあるものの、複雑な道のりを着実に進みたいときには抜群の効果を発揮します。難しい何かに挑むときは、いったん「大きな絵」は忘れ、目前のタスクに集中するとよいのです。

このように、「大きな絵（なぜ）」と「次の一歩（何）」にはどちらも長所と短所があるため、達成したい目標のタイプに合わせて適切に切り替えることが大切です（この切り替えは無意識に行われることもありますが、つねにそうとは限りません）。

やる気や自制心を高めたい場合は、その行動を取る理由（なぜ）を意識的に考えるようにしましょう。ダイエット中に美味しそうなデザートが載ったお皿が目の前に現れたら、減量を決意した理由を思い出しましょう。従業員の働きぶりに覇気《はき》が感じられないのなら、仕事の意義を改めて伝えましょう。

一方、複雑で難しく、不慣れな目標に取り組むには、「何」の視点が役立ちます。

新たに何かを学ぶときは、その行動を細かいステップに分割します。初めてスキーをするのなら、ひざを曲げ、スキー板の先端を揃《そろ》えることに集中します。目にも止まらぬ速さで颯爽《さっそう》と滑ろうなどと考えてはいけません。

では、演習に取り組んでみましょう。この本では、内容を深く理解するために、いくつかの演習を用意しています。

何かを学ぶとき、具体的に手を動かすことはとても効果的です。新しい考えに基づいた行動は、繰り返すことで次第に無意識に行えるようになります。毎回、紙に書き出す必要もなくなります。ただし最初のうちは、面倒でも紙に書くようにしてください。後できっと役立ちます。

「『なぜ』の考え方」を身につける

①最近の行動のうち、「やる気が湧かない」「誘惑に負けた」などの理由でうまくいかなかったことを書いてください。「デザートを注文しない」や「重要な電子メールにその日のうちにすべて返信する」など、さまざまなものが考えられます。

②その行動を取りたい理由を書いてください。目的は何ですか？　得られるメリットは？

次にその行動を取るときは、この「理由」を思い出すようにします。習慣になるまで、何度も繰り返します（反復することで、習慣化されて無意識に行えるようになります）。

「『何』の考え方」を身につける

①新たに取り組みたいと考えている目標や、しなければならない行動のうち、「複雑」「難しい」「慣れていない」ものを書いてください。「コンピューターには詳しくないが、自分でウェブサイトをつくってみたい」「未知の業界に転職したい」などが考えられます。

②その目標を達成するために、最初にしなければならないことを書いてください。着手すべきことは何ですか？

次にその目標について考えるときは、具体的な行動に集中しましょう。これも、繰り返すことで習慣化できます。

「いつするのか」でもアプローチは変わる

「なぜ」と「何」の最適なバランスを取るためには、どちらかの考えに傾きがちになるのがいつかを知っておくと役立ちます。先ほど、行動に慣れると「なぜ」の思考が多くなると述べましたが、〝いつ〟やるのかも「なぜ」と「何」の思考に大きく影響しています。

ダイエットを始めるのが明日なのか来月なのか、休暇を取るのが来週なのか来年なのかによって、思考は抽象的か具体的かのどちらかに傾くのです。最近の研究によって、人は遠い将来のことを計画するときには抽象的な「なぜ」の思考を、近い将来のことを計画するときには具体的な「何」の思考を好むことがわかっています。

心理学者のヤーコプ・トローペとニラ・リーベルマンは、学生に日々の行動について書かれた文章を選択させました。その際、片方のグループには近い将来（明日）、もう一つのグループには遠い将来（来月）の行動を想像するよう指示しました。

その結果、たとえば引っ越しについて、近い将来（明日）を想像した学生は、「新しいアパートに引っ越す」「荷物を梱包《こんぽう》して運び出す」などの具体的な描写を好みました。一方、一か月後に引っ越しすることを想像した学生は、「新生活を始める」などの抽象的な描写を好みました。

この違いは、わたしたちが普段どのように選択や判断をしているかに影響していいます。また、この違いによって問題が生じることもあります。たとえば、遠い将来のことを抽象的な「なぜ」の視点で考えるとき、わたしたちは行動によって得られるメリットに注目しがちになり、それを実際に実行できる可能性については深く考えない傾向があります。

「医大に合格できれば、医者になって豊かな暮らしを送れるかもしれない」「半年先の講演を依頼された。引き受ければキャリアアップにもなるし、さまざまな人に会えるかもしれない」「クリスマスにたくさん親戚を家に招いたら、子どもたちにとってよい経験になるかもしれない」とプラス面を考えたとき、その目標を採用する可能性は高まります（「医大への進学を決意する」「講演を引き受ける」「クリスマス休暇に親戚を家に招待する」）。

これに対し、具体的な「何」の考えでは、その目標が本当に実現できるかどうかに注目します。

成功の見込みはどれくらいか、障壁《しょうへき》となるものはないか。近い将来について考えるとき、わたしたちはそういうふうに考えるのです（「いまの成績で、来年、医大に合格できるのか？」「来週、講演のために出張するとしたら、子どもの面倒は誰が見る？」「明日、大勢の親戚が家に来たら、いったいどこで眠ってもらえばいい？」）。

「提出期限」でやる気はどう変化するか？

実行すると決めたときは素晴らしいアイデアだと思えたのに、決行日が近づくにつれて気が重くなることがあります。

「なぜあのとき〝はい〟と言ってしまったのだろう？」「生物学の成績がCなのに、なぜ医大に合格できると思ったのだろう？」「十人以上をこの家に泊めるとどうなるか、招待する前に考えておけばよかった」と、わたしたちは悔やみます。「医者になる」「家にたくさんの親戚を招待する」と決めたときは、「何」ではなく「なぜ」に意識が向いていたため、実現の可能性を現実的に深く検討していなかったのです。

研究によって、わたしたちの多くが、同じような状況にたびたび陥っていることがわかっています。人は、遠い将来について考えるときは「なぜ」の視点に傾きがちになり、メリットに気を取られてしまいます。実際にそれを行うときが来ると悪夢のような体験に変わってしまうことがあるにもかかわらず、現実的な側面にはあまり注意を向けられなくなるのです。

逆に近い将来の行動では、わたしたちは反対のミスを犯します。

興味深く、メリットが得られそうな話であっても、実行するのは面倒だと考えてしまい、せっかくのチャンスを逃してしまうのです。たとえば以前、わたしはインドへの旅行に招待されたとき、数週間で旅の準備をするのは大変だと思ったばかりに、断ったことがあります（ワクチンの予防接種、パスポートの更新、ビザの申請、犬の面倒……）。結局、後でそれを大いに後悔することになりました。別件でインドに行くことになったからです（しかも自腹で数千ドルも払って）。

人は、思いがけなく訪れた近い将来の機会に対しては、なかなか積極的になれません。得られるもの（なぜ）よりも、現実的な問題（何）ばかりに目がいくことで、せっかくのチャンスをふいにしてしまうのです。

トローペらは、この「なぜ」と「何」のトレードオフを、大学生の宿題をテーマにした実験で調べています。テルアビブ大学の学生に、「容易だが退屈」な宿題（学生の母語であるヘブライ語で書かれた「心理学の歴史」に関する文章を読む）か、「難しいが魅力的」な宿題（学生にとって外国語である英語で書かれた「恋愛小説」を読む）の二つを選ばせます。

ただし、宿題の提出期限は異なります。片方のグループは翌週、もう一方は九週間後に提出するよう求めます。課題の文章はどちらも締め切りの一週間前に与えられるので、宿題を行う期間はどちらも一週間です。翌週までの提出を求められた学生の大半は、「容易だが退屈」な課題を選びました。内容よりも、容易さを優先したのです。一方、九週間後の提出を指示された学生の大半は、「難しいが魅力的」な課題を選択しました。九週間後、辞書と首っ引きになりながら、自分の選択を後悔した学生は少なくなかったはずです（もちろん、困難であっても興味のある対象を選ぶという姿勢は、学生としてまっとうな心意気なのですが）。

このように、遠い将来について考えるとき、わたしたちは現実的な考えよりも、メリットを優先させる理想主義者の視点に立ちます。近い将来について考えるときは、ビジネスライクな現実主義者の視点に立ちます。遠い将来については探検家のように夢と野心を抱く人も、近い将来の話になると会計士のように現実的に考えるのです。

つまり、予定を決めるときは、近い将来か遠い将来のどちらについて考えているかを自覚し、それが自らの思考にどう影響しているかを考慮すると、よい判断がしやすくなります。

これで「先延ばし」はしなくなる

また、「何」に注目すると、行動を先延ばししにくくなるという利点もあります。

リーベルマンらは、大学生に、簡単なアンケートに回答し、結果を三週間以内に電子メールで送るという仕事を依頼しました。三週間以内に回答を送付した被験者には、報酬として現金が与えられます。

実験前には、被験者が「なぜ」または「何」のどちらかの思考に意識を向けるよう、意図的な課題を与えます。

片方のグループの学生には、「なぜ」に意識を向けさせるために、「銀行口座を開く」「日記を書く」などの、十個の行動リストを見せ、人がこれらの行動を取る理由を書かせます。もう一方のグループには、「何」に意識を向けさせるために、同じリストに対し、その行動の具体的な手順を記述させます。

その結果、「何」の思考を奨励されたグループは、「なぜ」のグループよりも平均で約十日も早くメールを送信しました。何をすべきかを意識することで、人は具体的な行動に着手しやすくなり、目標に向かってまっすぐに進めるようになります。逆に、理由ばかりを考えていると、なかなか実行に移せません。

わたしたち心理学者はよく、「AとBのどちらがいい？」式の質問をされます。「感情は吐き出すほうがいいのか、それとも抑えるべきなのか」「失敗をしたら、それについてじっくり考えるべきなのか、きっぱりと忘れるべきなのか」などです。

しかし、ほとんどのケースで、心理学者は「それは状況によります」と答えざるを得ません。「大きな絵」と「次の一歩」のどちらをイメージするのが正しいのかと聞かれたときの答えも同じです。それは、達成しようとしている目標のタイプによって変わるからです。「大きな絵」を思い浮かべる（理由を考える）と、達成後のメリットをイメージしやすくなり、意欲が湧き、自制心や忍耐力が高まります。「次の一歩」に注目する（具体的な行動を考える）と、細かい手順に集中することで難しく不慣れなことも行いやすくなる、先延ばしせずに行動をしやすくなるなどの利点があります。

大切なのは、「なぜ」と「何」のどちらか片方に偏《かたよ》ることなく、対象の目標を達成するためにはどちらの考えを持つべきかを判断することなのです。

「自己啓発書」が間違っていること

「目標達成のためには、ポジティブに考えることが大切」という話をよく見聞きします。何事も前向きに考えれば、成功に近づきやすくなるという考えです。書店にはこのようなポジティブ思考を謳《うた》う自己啓発書が溢れ、心理学でも、積極的な思考が人の行動に及ぼす影響についての研究がさかんに行われています。

研究によって、一般的に、人は楽観的な考えを持つ傾向があることがわかっています。わたしたちの多くは、他者よりもいい人生を送れると考えているのです。「仕事で成功する」「持ち家に住む」「お金持ちになる」「長生きする」などが自分の人生には起こり、「離婚する」「心臓発作に襲われる」「アルコール依存症になる」「運悪く不良品を購入してしまう」などの状況に陥《おちい》ることは他者より少ないと考えます。

しかし、このような楽観的思考は、つねによい方向に作用するわけではありません。なぜなら、楽観的思考はすべて同じものではないからです。たとえば、減量という目標についてポジティブに考えるとき、その方法は少なくとも二つあります。

①「わたしは減量を成功させることができる。目標とする体重まで痩せられるはずだ」――つまり、「目標を達成できる可能性」について楽観的に考える。

②「ドーナツやポテトチップスの誘惑には負けない。運動も、何の支障もなく毎日続けられるはずだ」――つまり、「障壁を乗り越えること」について楽観的に考える。

じつは、自己啓発書のほとんどはこの二つを区別できていません。つまり、「あなたは必ず成功できる。きっと簡単に障壁を乗り越えられる」と言うのです。残念ながら、この二つを一緒にしてしまうのは、きわめて大きな過《あやま》ちです。前者のようなポジティブ思考は有効ですが、後者のような考え方は逆効果になるからです。

①の、「目標を達成できる可能性」に対するポジティブ思考から見ていきましょう。動機付けに関する心理学理論に、「期待―価値理論」と呼ばれるものがあります。これは、人の動機付けは、成功する見込み（期待）と、その成功によって得られるもの（価値）の兼ね合いによって決まるというものです。

実際に、意欲が高ければ、目標達成の見込みも高まります。つまり、このポジティブ思考はとても効果的な考えだと言えます。ポップ心理学と揶揄《やゆ》されることもある自己啓発書の主張にも、真実は存在するのです。成功を信じれば、本当に成功する可能性が高まります（ただし、この原則が当てはまらない例外的な目標のタイプもあります。これについては第4章で詳述します）。

このテーマについては夥《おびただ》しいほどの心理学研究が行われています。「家庭用の健康器具の継続的な使用」をテーマにした研究を紹介しましょう。誰でも一度くらいは、ルームランナーやエアロバイクを買えば、毎日自宅で運動するようになると考えたことがあるのではないでしょうか。

ホコリをかぶらせることなく運動器具を使い続けられるのは、どのような人なのでしょうか。この研究によれば、自分は運動器具を使い続けられると強く信じていた人が、そうでなかった人に比べて、一年後も運動器具を使用し続けていた率が三倍も高いことがわかりました。つまり、成功を信じることで、実際に成功の可能性が高まると言えます。

「不安を感じている人」のほうが成功する

成功を信じることが本当に効果的であるなら、②の「簡単に目標を達成できる」式の思考、つまり「自分は簡単に成功できる。誘惑にも負けないし、障壁もやすやすと乗り越えられる」というポジティブ思考も正しいのではないかと思えます。

しかし、これは大きな間違いです。

心理学者のガブリエル・エッティンゲンは、「成功できると信じる」と「容易に成功できると信じる」の違いが、大きな差をもたらすことを明らかにしました。

痩せたいと望んでいる肥満の女性の被験者に、食事療法と運動を組み合わせた本格的な減量プログラムに取り組ませます。その結果、プログラムの開始前に、減量できると強く信じていた被験者は、失敗するかもしれないと考えていた被験者よりも、平均で約十二キロも多く減量に成功していたことがわかりました。これは、成功をポジティブに信じることが効果的であることを示唆《しさ》しています。

ただしエッティンゲンは、被験者に「減量の困難さ」についても尋ねていました（たとえば「会社の食堂にあるセルフサービスのドーナツを我慢するのがどれくらい難しいか」）。食べものを我慢することを「とてもきつい」と考えていた人は、「簡単に我慢できる」と考えていた人よりも、平均で約十一キロも多く減量していました。

他の実験でも、就職活動中の学生、交際相手を求めている男女、手術のリハビリをしている高齢者に同じパターンが見られました。被験者の性別や年齢、行動の内容を問わず、成功を手にする人は、成功を確信すると同時に、成功のためには厳しい道のりを乗り越えなければならないと覚悟していたのです。

困難を乗り越えなくてはならないという覚悟は、不安を生みます。そしてこの不安が、モチベーションを上げるのです。

不安を感じ、うまくいくかどうか心配するからこそ、わたしたちはさらなる努力をし、入念に計画しようとします。心理学者のダニエル・ギルバートは、著書『幸せはいつもちょっと先にある』（早川書房）のなかで、「人は、将来、何かよくないことが起こると想像して不安になり、それに対処するための行動を取ろうとする」と述べています。わたしたちがそうするのは、その価値があるからです。

「得られるもの」と「障害の大きさ」を比較する

目標達成が困難だと考えている人ほど、入念に計画し、人一倍努力し、積極的に行動を取ろうとします。人は、努力が必要だと考えたときに、その通りに行動するのです。逆に、努力が不要だと考えていれば、行動がおろそかになります。

簡単にいい会社に就職できると信じている学生は、数社にしか応募書類を送りません。片思いの相手と簡単に恋仲になれると想像している人は、積極的に自分の思いを伝えようとはしなくなります。試験で簡単にいい点を取れると考えている子どもは、熱心に勉強しません。楽に目標を達成できると考えると、わたしたちは努力を怠《おこた》ります。そして、いざ蓋《ふた》を開けてみると、現実の厳しさを知り、打ちのめされるのです。

このような罠に陥らずに目標を設定するためには、「目標設定時には達成後に得られるものをポジティブに考え、実際に行動するときは、達成のために必要なことを現実的に考える」というアプローチが最適です。

「まず達成によって得られるものを想像し、次に進路を阻《はば》む障害物を熟考する」というこの目標設定時の思考を、エッティンゲンは目標の「長短比較」と呼んでいます（「心理対比」とも呼ばれます）。

希望する企業に就職したいのなら、内定をもらったときのことを想像し、次に、その障壁となるもの（たとえば、ライバルである優秀な学生）を考えるのです。そうすれば、なぜ自分がその会社に就職したいのか、そしてそのためにはどのような行動が不可欠なのかがわかります。

目標が実現した状況を想像するのは、とても楽しいことです。しかし、想像するだけでは実現はできません。実現後に得られるものと、立ちはだかる障壁を比較すると、取るべき行動が明確になります。願望や空想が、現実的な目標に変わるのです。

長短比較は、目標を達成できると強く信じている場合のみ大きな効果をもたらします。成功を信じられなければ、わたしたちは目標を追い求めようとはしなくなります。達成不可能な空想は断念すべきだと考えるようになるからです。

逆に言えば、これは非現実的な目標をあきらめるよい機会であり、長短比較のメリットの一つだと言えます。願望と障害物を天秤《てんびん》にかけることで、よい判断をしやすくなります。成功のチャンスが高ければ、それだけわたしたちは努力をしようと努め、目標を達成する可能性も高まります。チャンスが低ければ、その目標を追い求めるべきかを現実的に検討できます。

それまで抱いていた願望を捨て去るのはつらいものです。しかし、それは心の健康を保つうえでとても重要です。

達成が不可能だと悟ったとき、わたしたちは実現可能な別の何かに挑戦しようと考えます。パートナーとの関係でも、これ以上、お互いにとって有益な関係を維持できないとはっきりと自覚したとき、健全で幸せな関係を築けそうな他の相手を探し始めます。夢を断念することで、立ち止まり、軌道修正をして、改めて自分にふさわしい道を探し始められるようになるのです。

エッティンゲンら（このときはわたしもチームの一員でした）は、成功を確信する人が目標設定時に長短比較を行うと、単に成功を確信しているだけの人よりも、はるかに効果的に目標を達成できることを明らかにしました。勉強や人間関係などをテーマにした研究でも、努力のレベル、計画の内容、目標の達成率などで大きな効果があることがわかっています。病院の人事担当者に長短比較を行わせたところ、二週間後に時間管理、意思決定、仕事量に改善が見られたという研究結果もあります。

このように、長短比較は素晴らしい効果をもたらしてくれます。また、とても簡単に実践できます。では、あなたの現在の目標、あるいは検討中の目標を対象にして、実際に長短比較を行ってみましょう。

「長短比較」で目標をふるいにかける

①ノートか紙を用意し、目標や願望を書き出します。これからしたいと考えていることでも、すでに行動に着手していることでも結構です（「休暇をカリブ海のビーチで過ごす」「シナリオライターを目指すためにLAに引っ越す」「五キロ減量する」など）。

②目標や願望のハッピーエンドについて考えます。実現した場合のよい側面を記述してください（「仕事から完全に解放されて、ビーチでリラックスできる」など）。

③そのハッピーエンドを実現するうえで、障壁になると思われるものを書き出します（わたしの場合なら、大好きなチーズはダイエットの天敵です）。

④二回、②と③を繰り返します。

書き出した内容を読み返してみましょう。実現の可能性はどれくらいでしょうか。この目標を実現するために、実際に行動を開始すべきでしょうか。メリットとデメリットの比較によって、成功の見込みや必要な労力について、以前よりもはっきりと理解できるようになっているはずです。

この章では、動機付けを高めるには「具体的で難易度が高い目標」が重要であることを紹介しました。また、目標の捉え方が、目標の実現可能性に大きな影響を与える点についても学びました。ポジティブ思考と現実的な考えのメリットとデメリットについても説明しました。

次章では、あなたがこれまでどのように目標を設定してきたかについて考えてみましょう。「それらの目標は、どのようにつくられたのか」「数ある目標のなかから、なぜあなたはそれを選んだのか」――その答えを知ったら、きっと驚くはずです。

そして、「これまで自分がどのように目標を設定してきたか」「その実現のためにどう行動してきたか」をよく理解し、必要に応じて軌道修正することが、目標達成にとってきわめて重要だという点を学んでいきましょう。

第１章のポイント

1. 目標は具体的に

目標は、できるだけ具体的に設定します。「2キロ減量する」は「痩せる」よりもよい目標です。目的地を正確に把握していれば、辿り着くまでの間、やる気を保ちやすくなります。「ベストを尽くす」では、漠然としすぎていて、モチベーションを高めにくくなります。

2. ハードルは高めに

現実的なレベルで、目標の難易度を高めにすることも重要です。ただし、不可能なほど難しくしてしまうと、モチベーションは低下します。また、ハードルが低すぎても、よい結果は得られません。人は、目標が低いとなまけてしまう傾向があります。2キロの減量を目標にした人が、結果として10キロの減量に成功することはまずありません。

3.「なぜ」と「何」を考える

散らかっているクローゼットを片付けるのは「整理整頓をすること」（なぜ）とも考えられますし、「要らない服を処分すること」（何）とも言えます。やる気を高め、誘惑に打ち勝ちたいなら「なぜ」の視点から、難しく不慣れな行動をするときは「何」の視点から考えることが有効です。

4. ポジティブに考える（ただし、甘く見ないこと）

目標の達成については、できる限りポジティブに考えます。成功を確信すればモチベーションが上がります。ただし、道のりを甘く見てはいけません。価値ある目標を達成するには、時間と労力、入念な計画、忍耐力が必要になるものです。簡単に成功できると考えていたら、努力をしようとしなくなり、失敗する確率が高まってしまいます。

5.「長短比較」を使って目標を設定する

新たな目標について考えるときは、「得られるメリット」と「乗り越えなければならない障壁」の両方を考えます。この「長短比較」は、目標を採用すべきかどうかの判断に役立ち、また、採用を決めた目標へのやる気を高め、それに向かって邁進しやすくなるという利点があります。

第2章

なぜそこを目指す？

——目標はこうして決める

目標はどれも同じようにつくられるわけではありません。「仕事で成功する」という同じゴールに向かって努力をしているとしても、「安定した収入を得る」「周囲から評価される」「人間的に成長する」など、心に何を抱いているかは人それぞれです。永続的な成長や幸福感をもたらす目標もあれば、つかの間の喜びしかもたらしてくれない目標もあります。目標の立て方次第で、集中して努力しやすくもなれば、無力感や落ち込んだ気分に陥りやすくもなります。

第3章以降では、目標のタイプと、それに応じた目標設定の方法を詳しく見ていきます。この章ではまず、あなたの目標設定の傾向について考えてみることにします。

初めに、〝信念〟が目標に大きく影響しているという点に着目します。たとえば、努力すれば得意になれると信じていなければ、真剣に数学を勉強しようとは思わないはずです。目標を到達可能なものと見るか、努力しても時間の無駄だと見るかには、信念が関連しているのです。自分がどのような信念を持ち、それがこれまでの目標設定にどう影響していたのか、それを確認してみましょう。

この章では、目標を取り巻く〝環境〟にも注目します。環境は、わたしたちの目標達成行動に意外なほど大きく作用しています。人は、はっきりとは意識しないまま、周囲の合図を引き金にしてさまざまな行動をしています。この働きを理解すると、その影響をコントロールしやすくなります。

そもそも「知能」とは何のことか?

数学や科学が得意な人が、エンジニアになりたいと考えるのは自然なことです。逆に、スポーツがまったく苦手で、運動神経の鈍さを自覚している人が、バスケットボールの選抜チームに入るという目標を抱くことはあまりないはずです。自らの能力についての考えは、設定する目標の内容と深い関わりがあります。

ただし、単に「現時点の能力」の有無を信じているかどうかが重要なわけではありません。より重要なのは、「努力すれば能力を得られる」と信じているかどうかです。

つまり、人間の資質（「知能」「性格」「運動能力」など）は変えられないと考えているか、変えられると考えているかが、目標設定に大きく影響するのです。

心理学では、人がこれらの資質について抱いてる見方や考えを「暗黙理論」と呼びます。「暗黙」という語が使われているのは、それがつねにはっきりと意識されているとは限らないためです。しかし、無意識であるにもかかわらず、この考えはわたしたちの日々の選択に大きな影響を与えています。まずは、知能の側面から暗黙理論を考えてみましょう。

次の質問に、正直に回答してください。「まったくそうは思わない」場合は1を、「その通りだと思う」場合は6を、それ以外の場合は思う度合いによって中間の数字を選んでください（質問の内容は重複していますが、これは意図的なものです）。

Q1　人間の知能の程度には個人差があり、大きくは変えられない。
Q2　いくら努力をしても、知能はたいして高められない。
Q3　頭のよさは、生まれつき決まっている。

では、点数を合計してください。

知能は遺伝的なもので、子どものころはともかく、大人になったらあまり高められないと考えているなら、あなたは「決定論者」です（合計が10点以上の人）。頭のよさは生まれつきのものであり、基本的には変えられないという考えです。

一方、知能とは経験や学習を通して向上させられる資質であると信じているのなら、あなたは「成長論者」です（合計が9点以下の人）。知能とは変化するものであり、年齢を問わず高められるという考えです。

人は、細かなテーマについても暗黙的な考えを持っています。たとえばアメリカ人の大半は、数学には生まれつき得意な人とそうでない人がいると考えていますが、知能全般については、変えられるという人とそうでないという人がそれぞれ半数を占めます。また、暗黙の名が示すように、改めて質問をされるまで、ほとんどの人は自分がどちらの考えを持っているかをはっきりとは自覚していません。意識的か無意識的かにかかわらず、どちらも目標の選択に大きく影響します。

「評価をほしがる人」は努力できない

この理論の発展に多大な貢献をしているスタンフォード大学の心理学者キャロル・ドゥエックは、著書『「やればできる!」の研究』（草思社）のなかで、信念がわたしたちの日常生活に及ぼす影響をさまざまな視点から考察しています。

ドゥエックは、知能などの資質を生得的なものと考える人の多くが、他者からの評価を強く求めていることを明らかにしています。この考えを持つ人は、自分の頭がよいこと（あるいは少なくとも悪くはないこと）を周囲に証明しようとします。決定論者は、「自分は賢い」と感じられる状況を好み、また、人からそう見られることを望みます。

「知能は変えられないもの」と考えている人は、自分の知能の低さを認めたがらないのです。知能は人間が生きていくうえでとても重要な資質です。知能が「努力しても高められない」ものならば、それは「高くなくては困るもの」になります。このため、決定論者にとって、知能に関する目標は「自分の頭のよさを他者に証明すること」になります。

決定論者には、安全な賭けを好み、難易度の高い目標の設定を避ける傾向があります。これはわたし自身の例でも説明できます。大学に入るまでのわたしは、頑迷《がんめい》な決定論者でした。知能は遺伝的に決まっていると考え、学校の科目の得手不得手《えてふえて》も生まれつきのものだと決めつけていました。「一生懸命に取り組まなければできないことは、もともと自分には向いていないものである。だから、いくら努力をしてもたいした結果は得られない」といった俗説も信じていました。

〝努力するのは無能の証明である〟というひねくれた考えを持ち、勉強するのは得意な科目ばかり。好きな科目だけ勉強していれば、「自分は頭がいい」と感じられたからです。

十二歳のとき、親にせがんでピアノを買ってもらいました。一年ほどレッスンを受けましたが、すぐに自分には才能がないと気づきました。人並みに弾けるようになるためにすら途轍《とてつ》もない努力が要ると見切りをつけ、早々にレッスンを止めてしまいました。

いまでも、この出来事を思い出すたびに後悔の念にかられます。特別にうまくはなれなかったにせよ、レッスンを続けていれば、大人になったいまでも演奏を楽しめていたかもしれません。このように決定論者は、現在の能力の証明ばかりに意識を向け、努力によって将来の能力を獲得することをあきらめてしまうのです。

成長論者はその轍《てつ》を踏みません。可能性を信じ、努力をすれば能力を伸ばせると信じているので、その時点での自分の知能の証明にはこだわりません。挑戦は恐れるべきものではなく、新たな技能を獲得するチャンスに変わります。失敗は愚かさの証明ではなく、貴重な学びの場に変わります。

わたしはよく、母が大人になってからいくつもの技能を身につけたことを思い出して感嘆しています。母は正規の訓練を受けることなく、独学でさまざまな技能を習得しました。木炭画のスケッチや、精緻で複雑なパターンのキルト、服のデザインと縫《ほう》製《せい》、園芸の腕前も相当のものでした。

まるで母が完璧な人間であるかのように思うかもしれませんが、彼女はとくに器用な人ではありません。新しく何かを学んでいるときは、何度も失敗をしていました。キルトを始めたばかりのころは、野心作に挑もうとしてはひどい出来のものをつくっていましたし、うまく育たなかった植物も少なくありませんでした。でも、母はくじけませんでした。「いつかはうまくなれる」と信じ、成長論者としてさまざまな活動に取り組んだのです。

ドゥエックは、暗黙理論の目標選択への影響を調べるために、中高生に学習目標を記述させました。知能を生得的なものと信じている生徒は、「一生懸命に勉強するより、自分の頭のよさを周囲に証明することを好む」「うまくできないことには、挑戦する気にはならない」などの意見に同意しました。

知能は高められると信じている生徒は、「クラスで一番の点を取るより、勉強を通じて多くを学ぶことのほうが大切である」などの意見を好みました。また、成長論者の生徒には、苦手な科目を積極的に受講する傾向があることもわかっています。

自分を「完璧」と思ってくれる相手を選ぶ

暗黙理論は、知能だけでなく性格などの資質にも当てはまります。子どもですら、このような考えに従って行動しています。たとえばドゥエックらが十歳から十二歳の子どもを対象にして友情についての調査を行ったところ、「性格は変えられない」と信じている子どもは、人気者になることや、相手から拒絶されないことを重視することがわかりました。

大人が恋愛や結婚のパートナーを選ぶときにも同じパターンが見られます。性格は変えられないと信じている人は、自らを「完璧な人」と見なしてくれる相手や、自分をいい気分にさせてくれる相手を探します。意見がぶつかったり、うまくいかない出来事があったりすると、その関係から逃げ出そうとします。性格は変えられると信じている人は、成長や変化を促すパートナーを求めます。何か問題が生じても、お互いが学ぶチャンスだと見なします。

心理学者のジェニファー・ビアは、同じ内気な性格の人でも、他者との関わり方について異なる考えを持っていることを明らかにしました。実験では、心理テストによって「内気」と分類された人に初対面の相手と会話をさせ、その様子をビデオテープに録画します。相手は二人のなかから選択できます。

一人は社交的で魅力的な相手で、被験者にとっては対人関係のスキルを学ぶチャンスになります。ただし、この相手を選択した場合、社交的な相手と内気な自分の対比がはっきりとビデオテープに録画されてしまうことが予測されます。もう一人の相手は被験者よりもさらに内気で、社交的なスキルの低い人です。この場合、被験者は相手から人間関係のスキルは学べませんが、恥ずかしい姿を録画されることはありません。

努力すれば内気な性格を変えられると信じていた被験者は、ぎこちなく会話する自分の姿がビデオに収められることを知っていながら、対人関係のスキルを学ぶ機会を選びました。内気さは変えられないと信じていた被験者は、他者の目を気にして、自分が見映《みば》えのする相手を選びました。このように、目標の捉え方次第で、学びや成長の機会が妨《さまた》げられてしまうこともあるのです。

「頭のでき」は才能では決まらない

「チャレンジを避け、容易な目標を選ぶ」「努力しても自分の性格や資質は変えられない」という決定論的な考えは、わたしたちが自覚しているよりもはるかに大きく、人生のさまざまな局面に影響しています。多くの研究が、決定論が正しくないことを指摘しています。

知能を例に取りましょう。もちろん、頭のよさに遺伝がまったく影響していないわけではありません。実際、知能の高い親のもとでは、知能の高い子どもが育つ傾向があります。しかし、心理学者のリチャード・ニスベットが著書『頭のでき』（ダイヤモンド社）で指摘しているように、知能の高い親が子どもに与えるものは、遺伝子だけではありません。知能の高い親は、子どもが学習しやすい環境をつくり、子どもと多く会話をします。収入も高いため、教育水準の高い学校に通わせることも可能です。つまり、子どもに知能を高めるチャンスを多く与えているのです。

ドゥエックの研究も、環境と成績の関係を示しています。ニューヨークの公立学校の七年生を対象に、八週間、週に三十分の授業を行います。子どもたちには、科学関連の読み物や演習、対話を通して、脳の生理学的な機能やその発達の仕組みを教えます。

一方のグループ（介入群）には「経験と努力によって知能は高められる」という点を強調します。もう一方のグループ（対照群）には、脳の機能については教えますが、知能は高められるという点については触れません。

その結果、対照群の数学の成績が一年を通じて徐々に低下したのに対し（残念ながら、これは小学校から中学に移行する七年生にとって一般的な傾向です）、介入群の数学の成績は向上しました。この研究は、努力によって頭はよくなると信じることが、知能を高める鍵であることを教えてくれます。扉を開く（または閉じる）のは、信念なのです。

ニスベットは「ＩＱに関して、遺伝的要因は後天的要因の制約にはならない」と述べています。遺伝子によってある程度生まれ持った知能や性格が決まっているとしても、それらは必ずしもわたしたちの可能性を限定するものではありません。

技能・知識を身につける機会や動機を与えられると、人は習熟を深め、より賢くなるということは無数の研究によって示されています。ＩＱテスト、標準テストなどのスコアを見ても、知能が後天的に大きく変わり得るものだということは明らかです。

数学や作文、コンピューター、音楽、人間関係など、これまで自分には絶対に向いていないと思ってあきらめていた分野があるなら、その決定論をぜひ見直してみてください。

「無意識の力」は「意識の力」より何百倍も大きい

次に、環境が目標達成に及ぼす影響について見てみましょう。

一般的に、目標の設定とその達成行動は、明確な意図と思考に基づくものだと考えられています。メリットとデメリットを天秤にかけ、成功の可能性を見定めたうえで、目標を採用し、その達成に向かって行動を開始する――たしかに、これは偶然や無分別な行動とは無縁の、はっきりとした意図的な行動です。ただし、わたしたちはすべての目標を意図的に求めているわけではありません。むしろ、日常生活の行動のほとんどは、はっきりとした自覚なしに自動的に行われています。

これには理由があります。人間の意識は、驚くほどわずかな情報しか扱えないのです。処理量があまりにも少ないため、意識の容量はすぐに足りなくなってしまいます。一方、無意識の処理能力は巨大です。意識がポストイットのメモほどの情報しか扱えないとすると、無意識はＮＡＳＡのスーパーコンピューター並みに大量の情報を処理できるのです。

したがって、わたしたちの心は、できる限り多くを無意識に任せるときに効果的に働くことになります。

通常、何かを繰り返し行うと、次第に無意識的にコントロールできるようになります。長い一日を終えて車で帰宅したとき、途中の記憶がすっぽりと抜け落ちていると いう経験をしたことはないでしょうか。さっきまで会社にいたのに、ふと気づくと家にいる、そんな不思議な感覚です。幸い、「無意識」はかなり優秀なドライバーです

（赤信号でも停止してくれます）。「家に帰ろう」と意識していなくても、無意識はそれがあなたの目標であると知っているのです。

しかし、無意識はどのようにして「家に帰る」という目標を理解したのでしょうか。その答えは、周囲にあるさまざまな合図です。沈む夕日を見る、その日の最後の仕事を終える、車のシートに座る――これらすべての合図が、無意識に〝家に帰る時間〟だというメッセージを伝えているのです。

目標に関連付けられた合図が繰り返されることで、自動的に行動が開始されます。だからこそ、ふと気づくと自宅の前に車を停めていたという経験が起こり得るのです。

「引き金」があれば頑張れる

わたしたちの身のまわりのさまざまなものが、無意識に目標を追い求めるための「きっかけ」になり得ます。たとえば、言葉やイメージです。

心理学者のジョン・バーグらは、コンピューターの釣り堀ゲームを用いて、被験者を「資源ジレンマ」と呼ばれる状況に置きました。ゲームで勝つためには、できるだけ多くの魚を釣ることが必要です。しかし、池からいなくなるほど魚を釣りすぎてしまえば、自分を含む全員が釣りを続けられなくなってしまいます。

そのため、自分の得点が少なくなるのを承知で、ある程度の魚を池に戻すことが求められます。ゲームのプレーヤーは、魚を釣り上げるたびに、自分の得点を優先するために魚をキープするか、全体のために魚を池に戻すかを選択しなければなりません。

ゲームを始める前に、被験者の一部には「協力的」「支援」「公正」「共有」などの語を使って文章をつくらせました。

その結果、これらの被験者は、ゲーム中、はっきりとした自覚なしに協力的な態度を取りました。これらの語を事前に見せられなかった対照群に比べ、二五％も多くの魚を池に戻したのです。

興味深いのは、これらの被験者は、ゲームを協力的にプレーするようはっきりと指示をされた被験者とほぼ同数の魚を池に戻していた点です。つまり、無意識の行動は、意識的な行動と同等の結果をもたらし得るのです。

バーグらは、学生にアルファベットのカードを使って単語をつくるパズルをさせるという実験も行っています。被験者は、個室に一人で入り、インターホンで指示を与えられます。パズル開始から二分後、被験者にパズルをやめるように指示を出します。ただし、被験者の半分には、事前に別の課題を行わせます。「勝利」「努力」「習得」「達成」などの単語を探すというものです。

事前にこの課題を行った被験者の五七％は、中止の指示を受けた後もそのままパズルを続けました（事前に課題を行わせなかったグループの人が続けた割合は二二％）。「勝利」「努力」などの言葉が、被験者の意欲を高めたと考えられます。

無意識による目標達成行動を引き起こすのは、言葉だけではありません。スポーツクラブの近くを通りかかると、運動をしようという気持ちになります。たっぷりの果物や野菜が載った皿を目にすれば、健康的な食事をしようという気持ちになります（ちなみにわたしは、誕生日や結婚記念日の直前に夫と一緒にさりげなく宝石店の前を通りすぎることで、これまでに何度も目標を達成してきました）。

あなたの目標達成を支援する人の存在も引き金になります。親の期待が、子どもの目標達成にどう影響するかを調べた実験があります。被験者の大学生に、はっきりと意識させることなく父親の名前を書いた紙を見せ、その後に難しい課題を行わせたところ、父親から目標達成についての高い期待を寄せられていると感じている学生や、父親と親しい関係にある学生は、課題に真剣に取り組み、よい結果を出しました。

課題を終えた被験者は、とくに一生懸命に課題に取り組んだとは感じていませんでした。父親の存在を無意識に感じることで、熱心に目標達成に取り組んだにもかかわらず、それを自覚していなかったのです。

また、他者の存在を無意識に感じることで、逆に行動が抑制される場合もあります。

ある実験では、母親からたしなめられたり、失望のため息をつかれる様子を無意識的に想像させた学生は、派手に酔っぱらったり、流しにお皿を残したままにするなど母親から怒られそうな行動をしにくくなりました。

ただし、これは状況によっては裏目に作用します。親に反抗的な人は、父親の存在を無意識に感じることで、意欲とパフォーマンスを低下させるのです。親に反抗する気持ちを持つ子どもは、無意識においても、親から何かを指示されることを嫌っていると考えられます。

無意識が「したいこと」に協力する

同じような目標を目指している他者の存在も引き金になります。心理学ではこれを「目標伝染」と呼びます。目標達成を目指す他者の姿を目にすることで、人は自らも同じ目標を求めようとするのです。

ある実験では、被験者に休暇の計画をしている男子大学生についての短い物語を読ませました。物語には二つのバージョンがあります。一方のバージョンでは、この学生は旅行前に一か月間、地元の農場でアルバイトをします。はっきりとは述べられていませんが、この情報は彼が旅行資金を稼ごうとしていることを暗示しています。

もう一方のバージョンでは、彼は旅行前の一か月をコミュニティーセンターでのボランティア活動に費やします。

被験者はどちらかのバージョンの物語を読んだ後、コンピューターでの作業を指示されます。この作業には報酬が与えられ、早く処理すればするほど高い額がもらえます。

その結果、学生が農場でアルバイトをするバージョンを読んだ被験者は、ボランティアをするバージョンを読んだ被験者よりも一〇%早く作業を完了させました。早く作業をすませた被験者は、事前に読んだ物語が自分の作業に影響しているとは自覚していませんでした。しかしこの結果は、青年のアルバイトの話に感化された被験者が、自分もお金を多く稼ごうとして、作業に集中して取り組んだことを示しています。

ただし、他者の目標は必ず伝染するわけではありません。この実験でも、農場でアルバイトをする学生の物語に影響されたのは、お金が不足している学生のみであり、十分な貯金のある学生には効果は見られませんでした。無意識は、自らにとって望ましいと思われる目標のみに反応するのです。共感できない行動には、人は影響を受けにくくなります。

このように、行動の引き金になる環境の力には限界があります。どれだけ環境から働きかけられたとしても、わたしたちは、もともとそのような願望を強く心に抱いていない限り、その行動は取りません。たとえば、暴力的なテレビ番組を見て、すぐに凶悪殺人や銀行強盗を起こす人はまずいません。

無意識によって導かれるのは、過去に自分が意識的に選択したことのある行動（ただし、その時点では無意識的な状態にある）か、きわめてポジティブだと感じられる行動のみです。

動くための「合図」を仕掛ける

合図をうまく用いると、無意識的な行動を促しやすくなります。家の中を見渡し、減量、禁煙、母親に電話する――などの目標の合図となるようなものがあるかを確認してみましょう。

自分にとって、目標とのつながりがはっきりとわかるものであれば、何でも引き金になり得ます。健康のために果物を食べる必要があれば、リビングのテーブルに新鮮な果物を置き、すぐに手に取れるようにします。大きな文字でＴｏＤｏリストを書き出し、目につきやすいところに貼り付けておきます。電話の側には、母親の写真を飾りましょう。目につく場所にこのような引き金を用意しておくことで、無意識に目標に向かった行動を取るように自分を仕向けるのです。

この方法は他者の目標達成の支援にも使えます。子どもの部屋には、忘れずに宿題に取り組むような気持ちにさせるものを置きます。職場には、従業員を熱心かつ効率的に働かせるような工夫をします。家のなかには、夫に家事を手伝ってもらうための合図となるような何かを用意します。ただし、同じタイプの引き金であっても、人によっては別の方向に作用する場合があることに注意しましょう。

合図を効果的に用いるには、ちょっとした工夫が求められます。でも、それだけの価値はあります。無意識の力に仕事をさせることで、意識を目の前の作業に集中させやすくなります。気が散りそうになっても、軌道修正がしやすくなります。長い一日の終わりに、気がつくと玄関まで辿り着いていたときのように、はっきりと意識しないまま目標に向けた行動を取りやすくなるのです。

第２章のポイント

1. 自分の能力をどう捉えているかを考える

自分の能力をどれだけ信じているかは、目標の形成に大きく影響しています。興味深い対象がありながら、実際に目標にするのを避けているのであれば、その理由を熟考してみるべきです。「自分は自分の能力をどう捉えているか」「それは正しいか」「別の視点はないか」などを考えてみましょう。

2.「努力すれば成長できる」と信じる

知能や性格、運動神経などを、いくら努力しても変えられない「生まれつきの資質」だと考えていると、「人は努力によって成長できる」という考えから目を背け、他人との比較で自分の優秀さを証明することに意識が向きがちになります。しかし、数十年にわたる心理学の研究結果が支持しているのは「人は努力によって着実に自らを変えていける」という考えです。自分には向いていない、才能がないからしょうがないといった理由で目標をあきらめているのなら、そのような考えは忘れましょう。

3. 環境を整える

環境も、目標達成に大きな影響を及ぼします。その影響は無意識にも作用します。言葉、モノ、人、さまざまなものが無意識的な行動を喚起します。

4. 人からよい影響を受ける

他者の行動が伝染することによってもモチベーションは高まります。他者の目標追求行動をポジティブに受け止めることで、わたしたちは同じ目標に向けた行動を取ろうとします。

5. 無意識の力を活用する

無意識の力を働かせるための合図となるモノを周りに置いておくと、はっきりと意識していなくても、やる気を起こせます。他のことに注意を逸らされがちな状況でも、「引き金」を利用することで、目標に向けた行動を取りやすくなります。

第3章 おのれを知る

——自分の中をのぞきこむ

毎年、学期の初めになると、わたしは大教室の教壇に立ち、百五十人ほどの新入生を相手に心理学の講義を開始します。ペンを手にした学生たちは、わたしの話を一言も漏らさず書き留めようとじっとこちらを見つめています。

大学院生だったときのわたしは、将来、大学教授になることを夢見ていました。知的な刺激に満ちた魅惑的な心理学の世界に、どのようにして学生たちを誘おうかと胸を躍らせていたものです。心に描いていた未来の自分の姿は、映画『いまを生きる』でロビン・ウィリアムズが演じた熱血教師でした。でも、念願が叶って教鞭《きょうべん》を執るようになると、現実に打ちのめされました。教室で学生からもっとも頻繁に尋ねられる質問が、「教授、それは試験に出るんですか?」だったからです。

学生の質がよくないのではありません。幸運にも、わたしが教えているのはアメリカでもトップクラスの大学であり、学生はみな優秀です。しかし、学生の一番の関心事は、よい成績を取ることです。大学院への進学や就職で頭がいっぱいで、一般教養の科目をじっくりと学んでいる余裕はないのです。「成績のことばかり考えず、講義の内容を深く追求してほしい」とでも言おうものなら、化石でも見るような視線を向けられます。「あの教授はなんて世間知らずなんだろう。成績のことばかり考えるなだって？『いまを生きる』のつもり？」と囁《ささや》く声が聞こえてきそうです。

学生たちの態度は、決定論的なものだと言えます。しかしそれは、本当に学生にとってメリットのあるものなのでしょうか。前の章では、決定論者と成長論者の違いが、目標の選択に大きく影響していることを紹介しました。どちらの考えにも、モチベーションを高める効果はありますが、動機付けの仕組みは大きく違います。この章では、この二つのタイプの考え方の違いと、それがもたらす重要な影響について詳しく見ていきます。

自分はどんな人間か？

達成までの道のりの楽しさや面白さは、選択した目標のタイプによって変わります。

目標の違いは、不安や抑うつなどへの陥りやすさや、落ち込んだときの対処方法、成功の見込みが低いときに耐え続ける力にも影響します。適切なタイプの目標を選ぶことで、壁にぶつかってもあきらめずに努力を続けやすくなります。逆に、目標の選択を誤ると、簡単にあきらめやすくなります。目標のタイプを理解することは、とても重要なのです。

あなたにとって、目標は「周りに能力を示すこと」でしょうか。それとも、「成長すること」でしょうか。たとえば学校なら「教師や同級生に能力を示すこと」と「能力を高めることや学ぶこと」のどちらを重視していたでしょうか。職場の仕事は「上司や周囲によい印象を与え、自らの能力を証明するための機会」と「専門知識を高め、能力を磨く機会」のどちらと考えているでしょうか。

人間関係で問題が生じたときは「相手を評価する機会」と「失敗から学び、人として成長する機会」のどちらと見なすでしょうか。

まず、次の質問に答えてみましょう。正解はありません。正直に答えてください。

次の文章を読み、それぞれ普段の自分の考えに「まったく当てはまらない」場合は1を、「よく当てはまる」場合は5を、それ以外の場合は当てはまる度合いによって中間の数字をつけてください。

Q1　学校や職場では、人よりもよい成績を収めることが非常に重要である。
Q2　ときには厳しい意見を言われても、率直な意見を述べてくれる友人は大切だ。
Q3　つねに新しい技能や知識を得ようとしている。
Q4　人によい印象を与えることに強い関心がある。
Q5　賢さや有能さを周囲に示すことを重視している。
Q6　友人や知人とは、オープンかつ正直に接している。
Q7　学校や職場では、つねに何かを学び、自分を成長させようとしている。
Q8　人からどう思われているかが気になる。
Q9　人から好意を寄せられると、いい気分になる。
Q10　同僚や同級生よりも、勉強や仕事でよい成績を収めたい。
Q11　自分を変化させ、成長させてくれるような人間関係が好きだ。
Q12　学校や職場では、自分の能力を示すことにエネルギーを注いでいる。

1、4、5、8、9、10、12番の点数を合計し、それを7で割ってください。それが〝証明型《ビーグッド》〟のスコアです。
2、3、6、7、11番の点数を合計し、それを5で割ってください。それが

〝習得型《ゲットベター》〟のスコアです。

どちらのスコアが高かったでしょうか？　たいていの人は、両方のタイプの傾向が見られるものの、どちらかに偏っています。

「学校、職場、スポーツなどのさまざまな状況での目標達成において、成功する人とあきらめたり失敗しやすい人のあいだにはどのような特性の違いがあるのか」という問題は、何十年間にもわたって心理学者の大きな関心事でした。それは、世間一般で考えられているような、知能の問題ではありません。知能は、何か（数学の問題など）の難しさをどの程度感じるかには影響します。しかし、困難にどう対処するか（努力を続けるか、あきらめるか）にはあまり関係していないのです。

心理学では、困難への対処や最終的な成功には、目標のタイプの違いが大きく影響していると考えられています。それは、「能力を示すためによい成果を挙げること」を重視する証明型の目標と、「成長や進歩、技能の習得」を重視する習得型の目標の違いです。

「証明型」の人は認められたい

知能や能力を示したり、他者よりよい成績や成果を挙げたりすることを重視する目標のタイプを「証明型」と呼びます。証明型の目標では、はっきりとした結果を得ることに労力が注がれます（「試験でAを取る」「売上目標を達成する」「意中の相手と交際する」「法科大学院に合格する」）。証明型の目標は、自尊心と密接に結びついています。人が証明型の目標を選ぶ大きな理由は、達成によって自分の頭のよさや才能を周りから認められると考えていることです。

また、この目標の達成は、自らの成功を判断する基準にもなります。

このタイプの目標を持つ人は、試験でAを取れなければ自分は頭が悪く価値のない人間であると考えます。売上目標に届かなければ仕事ができない人間だと思い、意中の相手から興味を持ってもらえなければ魅力がないと考え、法科大学院の入試に合格できなければ人生に失敗したと落胆します。また、証明型の目標には、〝白か黒か〟という性質があります。目標にどれだけ近づいたとしても、達成できなければ意味がないと考えるのです。

証明型の目標は、達成した場合に大きな見返りが期待できるため、やる気を高める大きな効果があります。とくに、順調に物事が進むときは、目標に向かって邁進《まいしん》します。試験で最高点を取るのはたいてい、証明型の目標を持つ学生です。証明型の目標を持つ従業員も生産的な仕事をします。しかし、証明型の目標は両刃《もろは》の剣《つるぎ》でもあります。いいときはやる気を高めてくれる自尊心が、状況が好ましくないものになると逆に作用するのです。

たとえば、頭のよさを示すために試験でAを取ることを目標にするとしましょう。最初の試験でAが取れなければ、自信が低下します。「自分は頭がよくないのかもしれない」という自己不信が生じ、不安や抑うつ、恥ずかしさなどのネガティブな感情によって自尊心も傷つけられます。そして、「頭がよくないのであれば、努力しても無意味ではないか」と考え、以降の試験勉強に身が入らなくなってしまうのです。

証明型の目標を持つ人は、わずかなつまずきで簡単に悲観的になってしまいます。自分には目標を達成する能力がないと考え、挑戦をやめてしまうのです。証明型の目標には、高いパフォーマンスを発揮しやすいと同時に、簡単に落ち込んでしまうことでパフォーマンスが低調になりやすいという傾向があります。

「習得型」の人は成長を望む

すべての学生がAを取ることばかりを考えているわけではありません。クラスには必ず、学ぶことそのものに意識を向けている学生がいます。

これらの学生を見つけるのは簡単です。証明型の学生とは行動が大きく異なるからです。

彼らは、教科書を深く読み込んで、内容を真に理解しようとします。試験には出ないとわかっている内容についても質問をします。その日の講義の内容が、数週間前の講義の内容とどのような関連があるのか、あるいは、他の科目で学んだテーマや、昨夜のニュースの内容とどう関連するのかを尋ねてきます。講義中に疑問があれば手を挙げ、授業後にも教壇に歩み寄って質問をします。

技能や能力を高め、よりよい存在になろうとする欲求を満たすための目標のタイプを、習得型と呼びます。習得型の目標は、試験の成績や売上目標などの、具体的な目標の達成ではなく、どれだけ進歩や成長をしたかに注目します。短期的な成果よりも、どれだけ進歩し、成長したかなどの長期的な成果を重視するのです。

習得型の目標は、自己承認ではなく自己成長という形で自尊心と結びついています。

優れた存在であること（＝ビーグッド）を証明しようとするのではなく、優れた存在になること（＝ゲットベター）を重視するのです。

習得型の目標を持つ人は、能力不足による低調な結果や直面するトラブルをネガティブには捉えません。問題にぶつかっても、とくに意気消沈したり、無力感を味わったりすることなく、壁を乗り越えるための行動を取ろうとするのです。

試験でCを取ったら、勉強方法を変え、勉強時間を増やします。売上目標に届かなければ、経験のある同僚にアドバイスを求めます。意中の相手に興味を持ってもらえなければ、どうすれば相手に自分をよく知ってもらえるかを考えます。大学院の試験に落ちたら、さまざまな人からアドバイスをもらい、足りない部分を改善して再び合格を目指します。習得型の目標を持っていると、証明型のように簡単にあきらめてしまうことが少ないため、大きな成功につながる場合があるのです。

証明型の目標と習得型の目標は、わたしたちの感情や行動に大きな違いをもたらすことも、さまざまな研究で明らかになっています。本章では、そのなかでももっとも重要で興味深い違いについて紹介します。

「報酬」で成果が大きくアップする条件

「どちらのタイプの目標が優れているのか」という問いに対しても、心理学者は「状況による」と答えなくてはなりません。

前述したように、証明型の目標が、習得型の目標よりもやる気を高める場合があります。自らの頭のよさや能力を証明しようとする人は、ときとして猛烈に目標達成に取り組みます。はっきりとした報酬が目の前にあるときも同じです。

これをよく示すのが、心理学者のアンドリュー・エリオットらによる、被験者にボードゲームを行わせた実験です。ゲームの内容は、各面にアルファベットが書かれたコマを用いてボード上にできるだけ多くの英単語をつくり、複数のプレーヤーがポイントを競うというものです。

片方のグループの被験者には、証明型の目標を条件付けるために、実験の目的が「パズルを解く能力を他の学生と競うこと」だと伝えます。もう一方のグループには、習得型の目標を条件付けるために「パズルをうまく解くための方法を学ぶこと」が目的だと伝えます。また、それぞれのグループの被験者の半分には、高い得点を挙げれば単位を与えると告げました。学生にとっての単位は、きわめて価値の高い報酬です。

単位についてはは聞かされていない被験者の得点は、証明型と習得型で違いがなく、平均で一二〇ポイント前後でした。しかし、単位というニンジンをちらつかせた場合、習得型の平均は約一二〇ポイントと変化がなかったのに対し、証明型の平均は約一八〇ポイントに跳ね上がりました。

この実験から、証明型の目標を持つ人のモチベーションが、価値の高い報酬によって著しく上がるケースがあることがわかります。

数学やゲームなどの他の題材を用いた研究でも、証明型の目標を持っているとさまざまな課題で高い得点を得る傾向があることがわかっています。ただし、これらの研究の多くで顕著な違いが見られたのは、被験者に行わせた問題やゲームの難易度が高くない場合でした。つまり、対象が比較的簡単なものである場合に限り、証明型の目標はパフォーマンスとモチベーションを向上させる効果があると言えます。

しかし、取り組む対象が難しくなると、逆の効果が表れます。不慣れで複雑な仕事に取り組むときや、障害や停滞に対処するうえでは、習得型に多くの利点が見られるのです。

「能力アップ」を目標にしたら粘り強くなる

ローラ・ゲレティとわたしは、証明型と習得型の目標を持つ人の困難への対処方法を調べました。実験では、被験者に問題を解かせます。一方のグループには、課題の得点は被験者の分析力を表すものであり、目標は高得点を挙げることだと告げます。つまり、自らの賢さを証明する証明型の目標を持たせます。

もう一方のグループには、課題は被験者の分析力を高めるための演習であり、目標は分析力の向上だと告げます。つまり、問題解決の技能を高めるという習得型の目標を持たせました。

また、それぞれのグループの半分には、困難な条件を与えました。正解のない問題を（そうだとは告げずに）混ぜ、さらに、被験者が問題を解いているときに話しかけて作業を妨害したのです。その結果、習得型の目標を持っていた人は、これらの困難な状況に影響されにくかったことが示されました。課題の難易度や、実験者の介入にかかわらず、同じように課題に取り組んだのです。しかし、証明型の目標を持っていた人は、結果に大きな違いが見られました。難易度が高くなると、得点が著しく低下したのです。

前述したように、成功への期待はモチベーションに大きく影響しています。これは、物事が順調に進んでいるときにとくに当てはまります。実験では、難易度を上げると、予測された通り、両方のグループの成功への期待はともに大きく低下しました。

しかしモチベーションについては、証明型のほうが大きく低下しました。習得型では、成功への期待が下がったにもかかわらず、モチベーションを失わずに挑戦を続けようとする傾向があったのです。

これは、わたしたちに価値ある洞察を与えてくれます。

人は習得型の目標を持つことで、難しい局面（「複雑さ」「時間的制約」「障害」「予期せぬ出来事」）に直面しても、証明型の目標を持っているときに比べて落ち込みにくくなります。取り組みを続ければよい結果が得られると強く信じることができます。

また、成功の見込みが薄くなっても、学びや成長は続けられると考えるために、モチベーションを維持しやすくなります。この忍耐力は、困難な目標の達成のためにきわめて重要な要素です。

「いい時間」を過ごす

よく、「ゴールに辿り着くだけでなく、その過程を楽しむことが大切だ」という話を耳にします。心理学の視点からも、それはよいアドバイスだと言えます。ただし、このようなアドバイスに、過程を楽しむための具体的な方法が示されていることはめったにありません。達成への道のりでは、困難に直面することもあります。過程を楽しむには、どうすればよいのでしょうか。

証明型の目標を持つ学生は、学習内容をじっくりと考える時間をつくろうとせず、試験に合格するためにひたすら教科書に書かれてあることを暗記しようとします。証明型の目標では結果がすべてであり、この場合では試験でよい成績を取ることにほぼすべてのエネルギーが注がれます。

一方、目標が過程を重視する習得型だと、人は行動そのものに大きな関心と楽しみを見出すことがわかっています。対象に深く関わり、没頭するといった感覚を覚えやすくなり、学ぶことに大きな価値が置かれるためです。わたしが教鞭を執っている医学部進学コースの化学のクラスの学生の場合でも、習得型の目標を持つ学生は、勉強に楽しさを覚え、積極的に学びたいと感じていました。正しい目標を求めることで、化学の周期表が魅力的なものになるのです。

過程を楽しむことのメリットは他にもあります。過程に興味を持つ学生は、受け身的な態度ではなく、積極的な態度で学習に臨みます。疑問を解消するために、積極的に質問をします。丸暗記などの表面的な学習方法ではなく、原則を理解しようとする深い学習態度を見せるのです。また、習得型の学生は、課題を期限内に提出する点でも証明型より優れています。このような積極的な学習態度、学習内容への探求心、期限の遵守などの要素は、よい結果に結びつきます。習得型の目標では、過程を楽しみやすくなり、成功の可能性も高まるのです。

魚をもらうより「釣り方」を教えてもらう

壁にぶつかったり、不慣れな課題に取り組まなくてはならないときは、誰かの助けを得ることが効果的です。しかしわたしたちは自分に能力がないことを相手に知られたくないために、助けを求めることを躊躇《ちゆうちよ》しがちです。とくに証明型の目標を持つ人は、助けを求めることを、自らの能力のなさを周りに示すことだと見なす傾向があります。しかし習得型の目標を持つ人は、人の力を借りることの価値を知っています。

心理学者のルース・バトラーは、教師を対象に、目標のタイプと支援の求め方の関連性を調べました。バトラーは、支援を二つのタイプに区別しました。

一つは「便宜的《べんぎ》」な支援です。単に自分ではこなしきれない仕事を誰かに頼んだり、問題を処理してもらったりすることを指します。もう一つは「自律的」な支援です。助けを得ることで、以降は自力で問題に対処しやすくなるようなタイプを指します。

言ってみれば、便宜的な支援はお腹を空かせた人に魚を与えることであり、自律的な支援は魚の釣り方を教えることです。

調査対象である小学校から高校の教師、約三百二十人には、習得型と証明型の両方の傾向が見られました。習得型の目標を重視する教師は、「教育方法や自らについて新たに何かを学ぶ」「教師として成長し、効果的に教えられるようになる」ことなどを、教師としての成功基準と見なしていました。

これに対し、証明型の目標を重視する教師は、「自分のクラスの生徒の成績が他のクラスよりもよいこと」「校長から同僚よりも高い能力を持つと評価されること」などを教師としての成功基準であると見なしていました。

教師がどの程度、周りから支援を求めているかを調べたところ、習得型の教師のほうがより多くの支援を求めていることがわかりました。とくに、習得型の教師は「自律的」な支援を求める傾向がありました（「人から、教師向けの良書を薦められるのが好きである」「教育手法の勉強会に誘われるのが好きである」）。ただし、「便宜的」

な支援（「手に負えない生徒は、校長やほかの教師に任せたい」「生徒に自習させ、自分は何もしなくてもいいような教材を提供してほしい」）は求めない傾向にありました。

改善や成長を重視する人は、能力の開示を重視する人よりも多くのメリットを得やすくなります。習得型の目標は、困難に直面しても、粘り強く、固い決意を持って挑戦し続けやすくなり、目標達成までの過程を楽しみやすくします。また、よりよいアプローチで目標を目指すことや、周囲から適切な支援を得ることにも役立ちます。

落ち込んだ気分が生産性を高める

習得型の目標を持つからといって、必ずしもすべてがうまくいくとは限りません。どのような目標を持っていても、物事がよくない方向に進むことはあります。誰にでも、気分が落ち込むことはあります。状況は変わるものであり、予期せぬ出来事も起こります。道のりが思っていた以上に険しいと感じることもあるでしょう。これらによって、不安や抑うつなどのネガティブな感情が生じることもあります。

ただし、成長や進歩を重視する人は、自らの能力を証明することを重視する人よりも、抑うつ的な気分には襲われにくい傾向があります。習得型の目標を持つ人は、自分の力ではどうしようもない問題が起きても、そのことで自分をひどく責めたりせず、ネガティブな感情にも陥りにくいのです。

習得型の目標を持っていても、なかなか達成できず、気分が落ち込むことはあります。ただし、目標の持ち方によって、ネガティブな感情の作用にも違いが生じます。

わたしとキャロル・ドゥエックらは、約百人の大学生のグループに三週間、日記をつけさせ、その日の最悪の出来事と、それにどう対処したかを書かせました。また、さまざまな活動（「勉強」「友達と遊ぶ」「食器の片付け」「洗濯」など）が記載されたリストから、その日に行ったものを選択させました。

調査を始める前に、学生にはアンケートに答えてもらい、その結果から、「基本的な価値、能力、人としての魅力は、多くの状況で周囲からの判断基準によって変わる」などの文章に多く同意した学生を証明型タイプに、「自己成長や新しいことを学ぶことは、失敗や拒絶による失望よりも価値が高いと考える」などの文章に多く同意した学生を習得型タイプに分類しました。

予想通り、証明型の傾向が強い学生は、習得型の学生よりも、落ち込む頻度が多いことが示されました。また、証明型の学生はひどい抑うつを感じても、その対処のための行動をあまり取っていませんでした。つまり、ネガティブな感情に襲われると、問題を解決する意欲も低くなっていたのです。ネガティブな感情は、生活の他の側面にも悪影響を与えていました。流しにお皿を溜めたり、洗濯物を山積みにしたり、教科書を広げっぱなしにしやすくなっていたのです。

一方、習得型の学生には驚くべき傾向が見られました。ネガティブな感情が生じるほど、何らかの行動を取ろうとしていたのです。問題の原因を自分でなんとかできるのであればそのための行動を取り、自力ではどうしようもないことであっても、物事のよい側面に目を向けたり、その経験を通じて成長しようとしていました。

また、ある目標で壁にぶつかって落ち込んでも、他の目標にはそれまで以上の努力で取り組むという傾向が見られました。落ち込んでも、洗濯物の山を片付けたり、勉強にいつも以上にまじめに取り組むことで、沈んだ気分を乗り越えようとしていました。このように、習得型の目標では、ネガティブな感情が他の行動の起爆剤になることがあります。

習得型では、周りに自分の能力を証明することよりも、成長や進歩を重視するため、失敗は自尊心を傷つけるものにはならず、気分の落ち込みも感じにくくなります。ネガティブな感情が生じても、長い間悩まされたりはしません。すぐに立ち直り、目標に向けて努力を続けようとするのです。

目標の焦点を証明型から習得型に変えるだけで、わたしたちの毎日にこれほどの影響があるという事実は、じつに驚くべきことです。

目標は、眼鏡のレンズのようなものです。目標の立て方によって、何を目指しているかだけでなく、その目標をどう見るかや、目標に至る過程でぶつかる問題をどう解釈するかも変わるのです。失敗は、有意義なフィードバックになります。問題は、乗り越えられる壁になります。嫌な感情は、前に進むためのエネルギーになります。目標という眼鏡を変えることで、世界の見え方も変わるのです。

第3章のポイント

1.「証明型」と「習得型」の違いを知る

この章では、自分の能力を証明することに重点を置く「証明型」の目標と、能力を伸ばすことに重点を置く「習得型」の目標の違いについて説明しました。

2.「証明型」はパフォーマンスを高める

証明型の目標は、順調に進む場合、やる気を高め、目覚ましいパフォーマンスを導きます。しかしうまくいかないときは、自分には能力がないと早々に結論付けるため、簡単にあきらめてしまう傾向があります。

3.「習得型」はパフォーマンスを改善する

習得型の目標を持っていると、困難を乗り越えやすくなります。ネガティブな経験を、改善のチャンスと捉えるからです。成長を重視する習得型の思考は、問題に直面しても忍耐強く前に進もうとするため、最終的に高いパフォーマンスを発揮しやすくなります。

4.「習得型」は過程を楽しむ

習得型の目標を持っていると、到達までの道のりに興味や楽しさを見出しやすくなります。また、よい計画を立てやすくなり、必要なときに適切な助けを求めることでメリットも得やすくなります。

5.「習得型」は不安に負けにくい

成長を重視する人は、抑うつや不安にうまく対処できます。ネガティブな気持ちに襲われても、自分を責めたり、意気消沈せずに、問題解決のために立ち上がろうとします。このため、能力を周囲に示すことを重視する証明型よりも、抑うつに襲われる頻度や程度が低くなります。

6.「習得型」のすすめ

人間関係が完璧ではないと嘆くのではなく、改善する方法を探しましょう。頭のよさを周りに示そうとするよりも、多くを学ぶことに集中しましょう。能力を示すのではなく、能力を得ることに注力すると、幸福感が増し、多くのことを達成できるようになります。

第4章
楽観するか、悲観するか
――勝ちパターンをつかむには

この章を執筆しているいま、息子のマックスは一歳になったばかりです。最初の誕生日を迎える前に初めて立ち上がったマックスは、それ以来、家じゅうをよちよち歩きしては、何かにぶつかったり足を取られたりして転んでいます。

わたしにとって、マックスは二人目の子どもです。ですから、最初の子どもを通じて、わたしは赤ちゃんが歩くことを覚えるプロセスを経験しています。それでも、赤ちゃんがモノにぶつかったり、うつぶせに倒れたりするのを見るたびにひやひやしてしまいます。両手を振り回しながら勢いよく部屋のなかをジグザグに進むマックスを見ていると、不安でたまらなくなります。

そこで、わたしは予防策を講じました。タイル張りの床の上に柔らかいフランス天のカーペットを敷き、階段の入口に柵をつくり、いくつかの部屋の入口を塞《ふさ》ぎました。マックスがよちよち歩きをする部屋からは、先が尖ったモノをすべて撤去しました。足を滑らせないようにゴム底の靴も履かせました。彼にぴったりのサイズのヘルメットがあれば、家のなかでかぶらせたいと思っているくらいです。

夫もわたしと同じく、息子が歩けるようになるのを手伝うという、親として当然の「目標」を持っています。しかし彼のアプローチは正反対です。

夫は、マックスに階段を上らせようとします。床に障害物がいくらあっても気にせず、マックスがそれらをどのようにかわしながら歩いていくかを見ようとします。マックスが転んでもとくに心配はしません。息子が一つひとつ課題を乗り越えていくのを、わくわくしながら眺めているのです。

わたしたち二人は「息子が歩くことを学ぶのを支援する」という同じ目標を持っています。しかしその捉え方とアプローチは違います。夫にとってそれは、マックスが自力で何かを達成するのを支援することです。息子が成長し、新たな能力を得る機会だと捉えているのです。夫は、マックスが次に何をするかを早く見たくてたまらないという〝切望〟の感情を持っています。マックスの進歩を促すことが、自らの役目だと考えているのです。

わたしにとっての目標は、マックスが歩き方を安全に学べる環境を整えることです。歩き始めたばかりの赤ちゃんはさまざまな危険に直面します。わたしは、モノにぶつかったり転んだりせずにしっかりと歩けるようになってほしいという〝警戒〟の感情で息子を支援します。わたしの役目は、マックスが歩き回る環境を安全なものにすることです。早く、息子に危険な状態から脱け出してほしいのです。

得られるものを見るか、失うものを見るか

夫とわたしは同じ目標を持っています。しかし、心理学者のトーリー・ヒギンスによれば、わたしたちの〝フォーカス（焦点）〟は違います。夫のアプローチは、ヒギンスが「獲得型」と呼ぶ思考にフォーカスしています。獲得へのフォーカスは、何かを得たり、達成したいと切望することから生じます。夫は、息子に一人で階段を登らせながら、新たな技能を得てほしいと考えているのです。

一方、わたしのアプローチは、ヒギンスが「防御型」と呼ぶ思考にフォーカスしています。防御へのフォーカスは、安全と危険に注目します。それは責任や義務を果たすことであり、すでに持っているものを失わないことです。マックスを階段から遠ざける柵をつくったとき、わたしはリスクを避けようとしたのです。

同じ目標を目指していても、獲得型と防御型のどちらの思考にフォーカスしているかで、大きな違いが生じます。

大学の医学部進学コースの学生にも、この違いが見られます。学生を観察すれば、医者になることを夢見ているタイプ（獲得へのフォーカス）と、医大に入れなければ親を失望させると心配しているタイプ（防御へのフォーカス）のどちらかに分類できます。どの学生も、医大への進学を目指して懸命に努力していますが、そのためのアプローチも、犯しやすい失敗のタイプも異なるのです。

獲得型は称賛によってモチベーションを高め、困難に直面するとあきらめやすくなります。防御型は批判によってモチベーションを高め、困難に直面しても簡単にはあきらめません。

ほとんどの人は、獲得型と防御型のどちらかの思考にフォーカスが偏っています。この偏りは、たとえば学校でよい成績を取ることを「理想」または「義務」のどちらと考えるか、これまでの人生で重視してきたのが「達成や称賛を求める」なのか「義務と責任を果たす」なのかなどによって判断できます。

この章では、この「獲得型」と「防御型」の違いに注目します。

どちらを重視しているかが、あなたの日々の選択、感情、行動にいかに影響しているかを知ったら、驚くはずです。獲得型と防御型は、どちらが優れているという性質のものではありません。また、どちらのタイプにも長所と短所があります。誰でも両方の思考をしますが、たいていはどちらかを好み、それが人生観や目標に作用しています。そのため、自分がどちらのタイプなのかを把握し、局面に応じて使い分けることが重要になるのです。

自分の「モチベーション」を高めるものを知る

では、あなたがどちらの思考にフォーカスしているかをチェックしましょう。

次の質問に答えてください。回答には、文章ではなく単語を用いてください（例「優しさ」）。じっくりと考えるのではなく、心に浮かんだ言葉を一つ、なるべく早く書き出してください。

Q1　人間の資質や特徴について、自分にあったらいいと思うものは何ですか。
Q2　人間の資質や特徴について、自分になくてはならないと思うものは何ですか。
Q3　自分にあったらいいと思う人間の資質や特徴をもう一つ書いてください。
Q4　自分になくてはならないと思う人間の資質や特徴をもう一つ書いてください。

Q5　Q3にもう一度答えてください。
Q6　Q4にもう一度答えてください。
Q7　Q3にもう一度答えてください。
Q8　Q4にもう一度答えてください。

たいていの人は、一つまたは二つの「あったらいい」または「なくてはならない」資質や特徴については比較的簡単に答えられますが、三つ以降はなかなか浮かんできません。

「あったらいい」資質や特徴は獲得型の考え、「なくてはならない」のほうは防御型の考えと関連があります。

「あったらいい」の答えがすぐに浮かんできた人には獲得型の傾向が、「なくてはならない」の答えがすぐに浮かんだ人には防御型の傾向があります。

「愛」と「安全」を求めてしまう

人間（さらに言えば哺乳類《ほにゅうるい》の動物）は、二つの基本的な欲求を持つと考えられています。それは、愛されたいという欲求と、安全を確保したいという欲求です。

ヒギンスは、獲得型と防御型の目標はこの二つの欲求から生じると主張しています。つまり、「何かを成し遂げる」「理想的な能力を身につける」という獲得型の目標は、究極的には愛情を得るためのものです。理想的な人間になれたら、他者から称賛してもらえ、愛情に囲まれた人生を送れるというわけです。

一方、「責任を果たし、ミスを避ける」防御型の目標を追求するのは、究極的には自分の身を守るためです。人から求められることをしていれば、誰からも腹を立てられたり、失望されたりしない――失敗をしない限り、問題は起こらず、平和と安全で満たされた暮らしを送れるというわけです。

獲得型のモードにあるとき、わたしたちは「愛」「称賛」「報酬」「喜び」などのポジティブなもので人生を満たそうとします。防御型のモードにあるときは「危険」「罪」「処罰」「痛み」などのネガティブなものを人生から排除しようとします。

また、フォーカスは状況によって決まることもあります。

たとえば、恋人と一緒にロマンチックな夜を過ごすときは、誰でも愛情（獲得型の目標）を求めています。同じく、火災報知機をテストしているときは、誰でも安全（防御型の目標）を求めています。ラスベガスのカジノに繰り出すことは、獲得へのフォーカスだと言えます。お金を失わないことのほうが大切ならば、家にいるほうが得策だからです。歯医者さんで治療を受けることは、防御へのフォーカスだと言えます。それは何か（この場合は歯）を失わないための行動だからです。

子どものタイプを決める「ほめ方・叱り方」

ところで、このフォーカスの違いはどのように生じているのでしょうか。研究によって、わたしたちがどちらかのフォーカスに偏る理由の一つが、育てられ方（親からの報酬と罰の与えられ方）であることがわかっています。ただし、それは単に獲得型志向の人が親から多くの報酬を与えられ、防御型志向の人が多く罰せられたということではありません。それは、報酬と罰の「与えられ方」の違いなのです。

獲得型の子育てでは、子どもが正しいことをするときに称賛や愛情を与え、悪いことをするときに称賛や愛情を「保留」するというアプローチを取ります。

たとえばある女の子が試験でAを取って帰宅するとします。両親は娘をほめ、自分たちの誇りだと言って微笑みます。しかし、成績がCのときは、娘をほめる言葉や仕草を見せません。女の子は、親の理想に合った行動を取れば愛情が得られ、親を失望させれば悲しく孤独な気持ちにさせられると学びます。女の子は、「親の愛と承認を得ること」を目標と結びつけるようになります。それは次第に親との関係を超えて、彼女の世界観になっていきます――そこは「勝者がすべてを得る場所」です。

防御型の子育てでは、悪いことをした子どもを罰し、正しいことをした子どもに罰を「与えない」というアプローチを取ります。子どもは、何かをきちんと行うと、安全な状態でいられます。ある男の子が、試験でCを取って家に帰ってきます。両親は息子をきつく叱り、夕食を抜きにして部屋に戻します。しかし、Aを取って帰宅すると、怒りません。男の子は夕食を味わい、自由に過ごします。男の子は、親から求められている通りの行動をすれば、平和に暮らせることを学びます。同時に、失敗を恐れるようになります。ミスをすれば親から罰を与えられるからです。

彼にとっての目標とは、「損失を避け、悪いことが起きないようにすること」です。それは次第に親との関係を超えて、彼の世界観になっていきます――そこは、「安全こそが重要である場所」です。

獲得型または防御型のフォーカスに影響するのは、親との関係だけではありません。たとえば自立が重んじられる西洋では獲得型の目標が、相手との関係性が重んじられる東洋では防御型の目標が促されるといった、文化的な違いなどもあります。

獲得と防御のフォーカスは、その場の状況や、目標それ自体の特性によって決まることもあります。たとえば「宝くじを買う」「南の島で休暇を取る」などは、ほとんどの人にとって獲得型の目標です。一方「予防注射をする」は、誰にとっても防御型の目標です。他にも、防御型にフォーカスしやすい例として「味方のピンチを救うのは自分の責任である」「チームに迷惑をかけるミスを避けよう」と考えることの多いチームスポーツが挙げられます。

獲得型と防御型の考え方の違いは、日々の決断、物事へのアプローチ、不安への対処、幸福感など、わたしたちの生活のほぼすべての局面にきわめて大きな影響を及ぼしています。

悲観が「成功のカギ」になるタイプ

一般的には、成功の見込みが高まれば、モチベーションも保ちやすいと考えられています。そのため、よいフィードバック（評価）はつねに歓迎すべきと見なされます。しかし、それは正しくありません。成功の見込みやフィードバックへの反応は、獲得型と防御型で違います。

獲得型のモチベーションは「切望」、すなわち、何かを獲得したいという強い願いです。当然ながら、獲得型の意欲は、ポジティブなフィードバックによって高まります。つまり、成功の見込みが高いと感じると、やる気や自信もわいてくるのです。逆に、ネガティブなフィードバックは意欲を低下させます。失敗するかもしれないと感じると、やる気を失うのです。防御型のモチベーションは「警戒」、すなわち、危険から身を遠ざけたいという欲求です。そのため、ネガティブなフィードバックが与えられると、警戒心が高まり、モチベーションが上がります。

わたしはトーリー・ヒギンスらとこの違いを調べました。

実験では、被験者に難易度の高いアナグラム（文字を入れ替えて言葉をつくるゲーム）をさせます（たとえば、〝N、E、L、M、O〟の五文字を使って、単語をつくります。正解はELM、ONE、MOLE、LEMONなど）。

被験者には、報酬として金銭を与えると告げます。ただし、フォーカスを変えるために二つの条件を与えます。一方のグループには、成績を問わず四ドルを与えるが、上位三〇%の成績を収めた場合に追加で一ドルを与えると告げます（獲得型の条件付け）。もう一方のグループには、成績を問わず五ドルを与えるが、上位三〇%に入らない場合は一ドルを差し引くと告げます（防御型の条件付け）。

つまり、いずれの場合も上位三〇%の成績を挙げた場合は五ドルが、それ以下の場合は四ドルが得られることになります。どちらのグループも、一ドル多く稼ぐという同じ目標を目指しますが、フォーカスは異なります。獲得型のグループにとっては「頑張れば手に入る一ドルを稼ぐこと」、防御型のグループにとっては「もらえるべき一ドルを守ること」です。

作業が半分経過したところでいったん中断させ、その時点の成績が上位三〇%に入っているかどうかのフィードバックを個別に伝えます。その直後、被験者に成功の見込みとモチベーションを尋ねたところ、フォーカスのタイプによって反応が異なることがわかりました。

ポジティブなフィードバックの後、獲得型のグループでは成功の見込みとモチベーションがどちらも大きく高まっていました。しかし、防御型のグループでは、ポジティブなフィードバックの後も成功への見込みは変化しておらず、モチベーションは低下していました。

ネガティブなフィードバックの後では、獲得型グループの成功の見込みとモチベーションはやや低下しました。防御型グループでは、見込みが劇的に下がりました。驚くべきことに、見込みが下がったにもかかわらず(正確には、見込みが下がったために)、モチベーションは急上昇していました。防御型の目標では、成功の見込みが下がることで、逆にモチベーションが高まるのです。

「成功するパターン」を頭に入れておく

では、あなたが過去にどちらのフォーカスによって多くの成功を得てきたかを探ってみましょう。次の質問について、当てはまる度合いを数字で答えてください（「まったく当てはまらない」場合は1を、「よく当てはまる」場合は5を、それ以外は度合いによって中間の数字を選んでください）。

Q1　懸命に頑張って何かを成し遂げることが多い。
Q2　子どものころは、親が定めた規則に従っていた。
Q3　新しく始めたことを、うまくできるほうである。
Q4　人生で成功するために積極的に行動してきたと思う。
Q5　子どものころ、親が許可しないことはしないようにしていた。
Q6　慎重に行動しないと、失敗することがある。

「獲得型」のスコア：質問1、3、4の得点の合計
「防御型」のスコア：質問2、5、6の得点の合計

わたしたちが楽観的な思考をする理由の一つは、過去の成功体験によって生まれる自信です。「これまで目標を達成してきたのだから、これからも達成できるだろう」と考えるのです。右の質問は、獲得型または防御型の目標で過去にどれくらい成功し

たかを測るために、ヒギンスらが作成した基準です。

ヒギンスは、それぞれのタイプの目標での高い成功体験を多く持つ人の自尊心を「獲得型プライド」「防御型プライド」と呼んでいます。一見、どちらの成功体験も楽観的な思考に結びつくと思われるかもしれませんが、じつはそうではありません。

防御型の目標のためには、楽観主義を抑える必要があります。たとえばボディガードは、過去にどれだけ支障なく勤めを果たしてきたとしても、過信は禁物です。防御型の目標での成功体験がある人は、これを直感的に理解しています。過去の成功を肯定的なものと捉えても、将来の成功は楽観視しないのです。

この違いは、自己の幸福イメージについても見られます。過去の成功体験についてのポジティブなイメージ（「自分は何かを成し遂げてきた」）と、自らの能力についてのポジティブなイメージ（「自分は優れた人間である」）の二つについて、獲得型タイプの人はどちらのイメージを持つことにも居心地のよさを感じます。

防御型タイプの人は、成功体験についての幸福イメージは高いものの、自分の能力についてポジティブなイメージを持つことには消極的です。高い自己イメージを危険なものと見なしているのです。実際、防御型の目標を追求するには、悲観主義のアプローチが有効です。心理学者のジュリー・ノーレムは、こう述べています。

「防御型の悲観主義は、単なる悲観主義ではない。物事がよくない方向に進むかもしれないことを想定し、成功の期待を低くすることで、非現実的な甘い見込みを消し去るのである」

「落伍者の話」でモチベーションが上がる

悲観主義者は、あらゆる事態を想定することで、起こり得るトラブルに備えます。防御型の目標では、最悪の事態を思い浮かべることが、強い動機付けになるのです。

このため、防御型のフォーカスを持つ人のモチベーションを上げようとする際には、注意が必要です。相手の意欲を高めようとして、マイケル・ジョーダンやビル・ゲイツ、バラク・オバマなど、リスクを恐れず大きな達成を成し遂げた人物の話をする人がいますが、防御型志向の人にとって、その話は逆効果になるケースがあるのです。

たとえば、こんな研究があります。ポジティブ、ネガティブの二人のロールモデルの人が、大学生に話をします。ポジティブなロールモデルの人は、被験者の学生と同じ学部を最近卒業したばかりで、大手企業からいくつも誘いを受け、「人生にとても満足しており、未来に希望を感じている」と述べます。

一方、ネガティブなロールモデルの人は、同じ学部を最近卒業したばかりですが、仕事を見つけられず、生活のためにファストフード店で働いています。「人生がうまくいかず、これからどこに進めばいいのかもわからない」と落ち込んだ様子で話します。

調査の結果、獲得型志向の学生は、ポジティブなロールモデルの話によってモチベーションを高めたのに対し、防御型志向の学生は、ネガティブなロールモデルによってモチベーションを高めていたことがわかりました。

不幸なロールモデルの話を聞かされた防御型志向の学生は、その後数週間、勉強に普段よりも熱心に取り組み、課題も遅れずに提出するようになりました。目覚ましい成功を成し遂げたヒーローの話に触発される人もいれば、戒めとなるような失敗者の話を聞いて動機付けを高める人もいるのです。

著書『ポジティブ病の国、アメリカ』(河出書房新社)のなかで、バーバラ・エーレンライクは、過度な楽観主義に陥ったアメリカ文化を鋭く批判し、ポジティブ思考は世界の真の姿を表すものではないと述べています。彼女は、ネガティブな考えや、現実的な考えを否定するような現在のアメリカの風潮が、抑うつの増加や経済危機に至るさまざまな問題の原因となっていると指摘しています。

行きすぎたポジティブ思考に戸惑いを覚える人にとって、エーレンライクの主張は共感できるものだと言えます。しかし、ここで疑問が生じます。楽観主義を勧める自己啓発書の内容はすべて間違っているのでしょうか。ポジティブ思考にはメリットがないのでしょうか。その答えは、〝時と場合による〟です。

ポジティブ思考は効果的になる場合もあれば、無謀で非生産的になる場合もあります。ここでも、獲得型と防御型の違いの理解が役立ちます。

楽観主義は、目標達成によってメリットや称賛を得たい場合に効果的です。悲観的な現実主義は、安全や危機回避などが目的の場合に効果を発揮します。モチベーションとパフォーマンスを上げるには、目標の特性の理解がきわめて大切なのです。

うまくいったとき大喜びするか、ほっとするか

獲得と防御のどちらに注目するかは、買いものなどの日常的な行動にも影響しています。心理学者のリオバ・ワースらは、被験者に商品を選ばせる実験でこの違いを調べています。サングラスや腕時計を用いた場合、獲得型志向の被験者は「多機能型イヤホン」や「世界時計」など、高級感や洗練が感じられる機能に興味を示しました。

防御型志向の人は、「保証期間の長いサングラス」や「バックル（留め金）が頑丈な腕時計」など、安全性や信頼性などの特徴を宣伝する商品に興味を示しました。洗濯機の場合、獲得型志向は「最先端の技術」や「数多くの機能」などを宣伝するモデルを、防御型志向は「長年の実績を誇る」や「消費者テストで安全性を確認」などを

宣伝するモデルを好みました。

このフォーカスや好みは、状況によって変わります。たとえばあなたが母親で、小さな子どもが誤って触れないようにするための洗剤の入れ物を買おうとしているのなら、商品の見た目の華やかさよりも、頑丈で安全なつくりの容器を探すはずです。

普段は派手なスポーツカーを好む獲得型志向の父親も、娘に買い与える車には、アンチロックブレーキやエアバッグなどの安全面を重視するかもしれません。

目標を達成したときに味わう気持ちも、フォーカスによって変わります。獲得型の目標を達成すると幸福感、喜び、興奮などの高揚した気分を感じます。防御型の目標では満足感や安心感など、やすらいだ気分を感じます。

この違いは、物事がうまく進まないときに生じる感情にも当てはまります。

獲得型の目標では、失敗すると、落胆や悲しみなどの感情を味わいやすくなります。家に籠もりがちになったり、無気力になるなどの鬱々とした気分になります。

防御型の目標では、失敗は危険を意味します。それは不安やパニック、緊張、恐れなどの、わたしたちを行動に駆りたてる強いマイナス感情を生じさせます。どちらのタイプの感情もネガティブなものですが、その性質、対処のためのアプローチは異なります。

フォーカスに適した「戦略」を選ぶ

この違いを、「鹿狩り」の喩《たと》えを使って説明してみます。あなたは森の茂みに隠れ、獲物の鹿が姿を現すのをじっと待っているとします。少し遠くでかすかな音がし、茶色い何かが動いたような気がします。それが鹿なのか、目の錯覚なのかはわかりません。ここで、選択肢が生じます。「撃つ」か「撃たない」か、です。

あなたが取る行動は、四つのパターンに分類できます。

「撃ち、鹿がいた場合」「撃ち、鹿がいなかった場合」「撃たず、鹿がいた場合」「撃たず、鹿がいなかった場合」です。

心理学では、このような状況を「信号検出理論」と呼ばれる理論で説明します。目的は、「信号」と「雑音」の区別です。この例では、鹿（信号）と、風で揺れた木（雑音）の区別です。撃ち、鹿がいたのであれば、それは「正答」です。撃ち、鹿はいなかったのであれば、それは「誤答」です。撃たず、鹿がいたのであれば、それは「機会損失」です。撃たず、鹿はいなかったのであれば、それは「正棄却《せいききゃく》」です。

獲得型の目標で重視されるのは「正答（鹿を仕留めること）」です。「虎穴《こけつ》に入らずんば虎児を得ず」の考えを持ち、積極的にリスクを取ろうとします。

そして、「機会損失（鹿がいたのに撃たない）」のシナリオをもっとも避けるべきだと考えます。このため、獲得型志向の人は、このタイプの状況で「イエス」を選択する傾向があります。つまり、鹿がいると思えば撃つのです。これを「リスク選好」と呼びます。

その結果、鹿を射止める確率も高まりますが、鹿がいないのに間違って発砲する確率も高まります。獲物を持ち帰れる場合も多くなりますが、弾薬を無駄にしたり、周囲にいた鹿を怖がらせて逃げられてしまう可能性も高まるのです。

一方、防御型志向は用心深いという特徴があります。撃つ前に、鹿がいることをはっきりと確かめようとします。このタイプの人が何よりも嫌がるのは「誤答（鹿がいないのに撃つ）」です。鹿がいないのに発砲して損失が生じる状況を、もっとも避けたがります。このため、このような状況では防御型は「ノー」を選択する傾向があります。めったなことでは発砲せず、確実に鹿が目の前に現れるのを待ち続けるのです。

これを「リスク回避」と呼びます。その結果、銃声に驚いた鹿に逃げられたり、弾薬を無駄にする確率は低くなりますが、手ぶらで家に帰る確率も高まります。

獲得型の「リスク選好」と、防御型の「リスク回避」は、さまざまな局面で違いを生みます。たとえば、防御型志向の人は、一つの対象に長く向き合う傾向があります。目の前の対象がよくないものであると知っていても、なかなかそこから離れようとしません。また、物事を先延ばしにしがちな獲得型志向の人に比べ、迅速かつ事前に行動しようとする特徴もあります。

獲得型は、探索的で、抽象的な思考を好みます。あれこれとアイデアを思い浮かべ、多くの選択肢から理想的な方法を見つけるという創造的なプロセスを得意とします。アイデア同士を結びつけて、新しい発想につなげることにも優れています。

防御型の人には、このような抽象的思考や創造力は、無謀で時間を浪費するものに映ります。危険を避けるためには、何よりも行動が必要です。安全を重視するとき、思考は具体的で現実的なものになります。計画を立て、それを根気よく着実に守ることが重要になるからです。防御型志向の人には、目標達成の道のりの細かなステップや、進捗状況をよく把握しているという特徴もあります。

「いい方法」で進んでいると感じながら続ける

このように、獲得または防御へのフォーカスは、目標達成行動に大きく影響しています。獲得型は、積極的でリスクを厭《いと》わないアプローチを取ります。防御型は、注意深く慎重なアプローチを好みます。このため、状況に合わせた最適なアプローチの選択が重要になるのです。

獲得型の目標には獲得型のアプローチを、防御型の目標には防御型のアプローチを取ることで、動機付けを高めやすくなります。ヒギンスは、最適なアプローチによって目標が達成しやすくなるだけでなく、「正しいことを行っている」という感覚が得られると指摘しています。

よく言われるように、大切なのは結果だけではなく、その道のりです。適切なアプローチを取ることによって、その道のりを「正しく」歩んでいるという感覚がもたらされます。ヒギンスは、適切なアプローチを選び、正しさの感覚を持って目標を目指すとき、意欲や忍耐力が高まると述べています。

これをよく示すのが、わたしとヒギンスらが行った実験です。被験者には、三週間、毎日、その日に体験した困難な出来事と、それにどう対処したかを日記に書いてもらいます。その際、「目標達成のために、新しい方法を検討した」「自分の好きな方法を用いた」「嫌な出来事を忘れるために他のことをした」のような獲得型の対処アプローチと、「同じミスをそれ以上しないように気を遣った」「その日は、他に嫌なことが起きないように慎重な行動を心がけた」などの防御型の対処アプローチの一覧から、その日の行動に当てはまるものを選択してもらいます。

基本的に、どちらのタイプの対処策も効果はあります。ただし、実験の結果、被験者が自らのフォーカスと一致した対処策を用いた場合に、満足感が大きく、落胆の度合いも少ないことがわかりました。逆に、フォーカスと対処策が異なる場合は、満足感が少なく、落胆の度合いも大きいことがわかりました。

つまり、問題に遭遇したとき、何らかの対処策を取るだけでは十分ではありません。すべての対処策が、自分に効果的だとは限らないからです。行動は、目標やあなたのフォーカスに適したものにすべきです。獲得型と防御型の仕組みを理解することで、目標や行動を適切に選択しやすくなり、到達までの道のりも楽しみやすくなるのです。

「防御型」は邪魔されたほうが頑張れる

状況によって、獲得と防御のどちらにフォーカスするかがパフォーマンスに大きく影響します。どちらのフォーカスも、得意とする分野が異なるからです。本を読んだり絵を描いたりなどの複雑な作業を行う際、心理学で「速さと正確さのトレードオフ」と呼ばれる現象が生じます。

つまり、作業を速く行うとミスが増えます。作業をゆっくり行えば、時間はかかりますがミスは減ります。このトレードオフは、獲得型と防御型へのフォーカスの違いをよく表しています。

獲得型は、正確さよりもスピードを好みます。絵を描くときは、多少粗いところがあったり、床に絵の具をこぼしてもかまわずに、とにかく早く完成させようとします。読書中にわからない箇所があっても、「読み進めるうちにわかるだろう」「とにかく最後まで読み終えよう」と、そのまま読み進める傾向があります。

防御型は、ゆっくりと着実に仕事を進めることを好みます。読書中にわからない箇所があると、理解できるまで何度も繰り返し読みます。読むのは速くありませんが、その分、細かいところまで内容を理解します。

この二つのタイプのフォーカスは、長期的な目標達成率にも影響します。獲得型は、短期間にモチベーションを高めることは得意ですが、長期的にそれを持続するのは苦手です。逆に防御型は、ゆっくりと着実に進むことがレースに勝つ秘訣であると考えます。

たとえば、禁煙と減量の成功率を調べた研究では、獲得型志向の人は最初の半年間での成功率が高く、防御型志向の人はその後の一年間での維持率が高いことが示されています。この結果から得られるヒントは、難しい目標（禁煙、減量）に取り組むには、まず獲得型のアプローチ（達成によって得られるメリットに注目する）で達成を目指し、達成後は防御型のアプローチに切り替えること（得たメリットを失わないことに注目する）だと言えます。

防御型は障害物に敏感です。このため、誘惑や気を逸らすものにうまく抵抗できます。集中を妨げるものがあると、むしろ集中力が高まる場合さえあります。

被験者に数学の問題を解かせ、その途中で、映画の予告編や騒々しいコマーシャルを流して集中を妨げた実験があります。

防御型のフォーカスを持つ被験者は、獲得型の人よりよい結果を出しました。さらに驚くべきことに、集中を妨げられた防御型の被験者は、集中を妨げられなかった防御型の被験者よりもよい結果を出したのです。防御型は、誘惑や障害物の存在に気づくと警戒心を高めます。それが、モチベーションの増加にもつながるのです。

獲得型と防御型の違いが、ビジネスの交渉でも影響するという実験結果もあります。心理学者のアダム・ガリンスキーらの実験では、獲得型はリスクを取り、防御型は安全策を取るという傾向が、売買のシミュレーションの結果にかなりの差を生じさせました（この実験では、リスクを取った獲得型にメリットがもたらされる結果になっています）。

獲得型と防御型の違いを意識すると、周りにいる人の行動の特徴も理解しやすくなるはずです。

「リスクを取ろうとする人」と「リスクを毛嫌いする人」がいるのはなぜか。「ものごとを楽観視する人」と「何ごとにも慎重な人」がいるのはなぜか——。こうした違いを、自らの傾向を含めて、客観的に理解しやすくなります。

この視点は、あなたの今後の目標の立て方の指針になります。自らの傾向を知ったうえで、動機付けを高め、達成しやすくなるような目標を設定しましょう。相手にはポジティブ／ネガティブなフィードバックを適切に伝え、自分も適切に受け止めるようにします。「正しい方法で目標に向かっている」と感じることも重要です。これらを活用すれば、目標設定はこれまでよりもずっと効果的なものになるはずです。

第4章のポイント

1.「獲得型」は得ること、「防御型」は損しないことを重視する
獲得型のフォーカスでは、「手に入れたいもの、達成したいこと」に注目します。防御型のフォーカスでは、「守るべきもの、しなければならないこと」に注目します。

2. 楽観主義と「獲得型」は相性がいい
獲得型志向の人（または獲得型の目標を持つ人）は、楽観主義によってモチベーションが高まり、困難を乗り越えやすくなります。

3. 楽観主義は「防御型」には逆効果
防御型の目標の場合、過度な楽観は油断につながるので、やや悲観的なくらいがちょうどいいと言えます。差し迫る危険を感じることほど、防御型のモチベーションを高めるものはありません。

4.「獲得型」の人はリスクを好む
獲得型志向の人は、機会を逃すことを嫌い、リスクを承知でできるだけ行動を取ろうとします。また、創造性があり、探索的な思考を好みます。発想が豊かで、正確さよりもスピードを重視します。

5.「防御型」の人は警戒を好む
防御型志向の人はミスを犯すことを恐れるために、確実な成功が期待できない限り、行動を取ろうとしません。新しいアイデアには消極的ですが、計画力に優れ、遅れることなく行動します。細部にこだわり、スピードよりも正確性を重視します。

6. 状況に合わせてフォーカスを変える
たいていの人は、獲得型か防御型のどちらかへの偏りがあります。ただし、状況や目標のタイプよって、どちらにフォーカスが向けられるかが決まることもあります。フォーカスの状態を把握し、必要に応じてアプローチを変えていくことが大切です。

第5章
ただ成功してもうれしくない
——満足をもたらす三つの要素

ある日、わたしは朝五時ごろに目覚めました。ベッドから這い出し、早起きの息子のために飲み物をつくると、コーヒーを片手にソファに座り、テレビのスイッチを入れました。

地元ニューヨークのニュース番組が、デボラ・ケーニヒスベルガーという女性が「今週のニューヨーカー」に選ばれたと伝えていました。自ら設立した慈善団体「ハーツ・オブ・ゴールド」での活動が評価されたのです。

同団体は、毎年数百万ドルの寄付金を集め、ホームレスの母親と子どもの支援活動に充てています。母親には職業訓練を、子どもには教育機会を提供し、他にもさまざまな支援を行っています。たとえば、就職の面接が決まった母親にはふさわしい衣類を与えます。物資や住居の提供後も、粘り強く支援を続けているとのことでした。

画面に映るケーニヒスベルガーは、とても満ち足りた表情をしていました。彼女は、眩《まぶ》しいくらいに輝いていました。リポーターの質問に答える彼女は、日ごろの苦労を何とも思っていないかのように、大きな笑みを浮かべています。

朝の眠気はすっかり吹き飛びました。そのニュースはじつに啓発的で、感動的でした。彼女と同じような幸福感を味わいたいと強く思いました。

なぜうれしくないのか？

どのような目標であれ、達成すれば何らかの喜びは得られます。しかしそのなかには、一瞬で消え去ってしまうものもあります。一方、身体全体に広がり、いつまでも消えない喜びもあります。

誰でも、そのような幸福感を体験したことがあるはずです。恋に落ちたとき、親友や家族と特別な時間を過ごしたとき、人として成長したと感じたとき、私欲を捨てて人のために行動したとき――わたしたちは、真の幸福感を覚えます。わたし自身、年齢を重ね、心理学者として、ひとりの人間として多くを学ぶにつれ、日々の暮らしのなかで、できるだけこの種の幸福につながるような行動を取ろうと心がけるようになりました。同じような気持ちを持つ人は多いのではないでしょうか。

有意義な人間関係を築き、人として成長し、社会に貢献する――これらは単なる目標以上の価値があるように思われます。一方、いたずらに名声や富を追い求めるような、皮相的な目標もあります。研究によっても、お金持ちや有名になった人が、かならずしも幸福感を得ていないことがわかっています。

すべての目標が、わたしたちを幸せにしてくれるわけではありません。目標のタイプによって、幸福感を得やすいものとそうでないものがあるのです。その違いは、目標が人間の基本的欲求を満たすものかどうかが大きく関係しています。幸福感は、他人が定めた価値観や、周囲から認められることではなく、自らの自尊心を高め、内面を豊かにするような目標から得られるのです。

「親からのプレッシャーではなく自発的に勉強に取り組む」「上司に言われたからではなく自分の意思で仕事に打ち込む」とき、わたしたちは幸福を感じやすくなります。他者によって一方的に定められた目標は、いくら価値が高くても、モチベーションが上がらず、よい結果にも結びつきにくくなります。この種の目標に対しては、わたしたちは表面的なアプローチでなんとか切り抜けようとするからです。

目標は、達成だけがすべてではありません。何を求めているか、なぜそれを求めているかが大切なのです。この章では、真の幸福感をもたらす目標について見ていきます。また、外部からのプレッシャーや報酬と、幸福感の関係についても考察します。

自分にとって本当に必要なもの

心理学はその始まり以来「人間の基本的欲求とは何か」を考え続けてきました。心理学者は、バーやパーティーの場でさえ「人が健全に生きるために必要な動機付けは何か」について議論するほどです。

心理学者によって、考える基本的欲求の数はさまざまです。片手で数えられる程度しかないという意見もあれば、四十近くあるという人もいます。

それでも、エドワード・デシとリチャード・ライアンが主張する「自己決定理論」には、多くの心理学者が同意しています。この理論では、基本的欲求は「関係性」「有能感」「自律性」の三つであると定義します。

「関係性」は、他者と深く結びつき、互いに尊重し合う関係を築きたいという欲求です。わたしたちが生涯を通じて友情や親密な関係を求める理由もここにあります。このような深い人間関係が失われると痛みや悲しみが生じ、求めても得られないときには孤独を感じます。わたしたちは、集団に帰属し、恋愛サイトにプロフィールを公開し、フェイスブックに多くの時間を使います。人と出会う、絆を深める、社会に貢献するなどの行為は、関係性の欲求に応えます。

「有能感」は、周囲への影響力を持つことや、それによって何かを得ることに関わりがあります。知性をはじめ、何かに優れていることは有能感の感覚に結びつきます。対人関係、スポーツ、芸術、創造性など、得意な分野があることは、わたしたちが生きていくうえでとても重要なものになり得ます。

有能感への欲求は、好奇心や自発的な学びの意欲、困難の克服時に感じる自尊心を促します。この欲求は、わたしたちが自らを定義するとき、「自分は頭がいい」「僕にはユーモアのセンスがある」「わたしは聞き上手です」などと得意なことと結びつける理由でもあります。この欲求の目的は、人生で何かを成し遂げることです。技能を磨き、新しいことを学び、人間として成長する――などは、有能感を満たすための目標だと言えます。

「自律性」は、自由に関する欲求です。自らの行動を選び、主体的に対象と関わることを意味します。自分の特性に合った、面白く魅力的なことを行うときに得られる感覚です。チェスの駒のように動かされるのではなく、プレーヤーとして自分の行動を選択できることです。

他者からの強制によってではなく、自発的な興味から行動する際の動機付けを、心理学では「内発的動機付け」と呼びます。これは、もっともよいタイプの動機付けです。関係性や有能感が幸福感に結びついているのは常識としてよく理解できますが、自律性も、わたしたちが考えている以上に幸福感と強く結びついているのです。

自分にとって本当は必要でないもの

永続的な幸福感をもたらすのは、関係性、有能感、自律性の欲求を満たす目標です。他者との結びつきをつくり、支え、確かなものにする目標です。「個人的な成長」「健康になる」「自分の欠点を受け入れる」「社会に貢献する」「人を支援する」などの目標も同じです。

「有名になる」「権力を得る」「自己イメージを飾り立てる」などの目標は、基本的欲求を満たしてはくれません。他者からの評価や、外部の物差しを基準にして自尊心を満たそうとする目標も同じです。お金を得ることだけを目指すのも、本当の幸福にはつながりません。

しかし、これらの目標が真の幸せをもたらしてくれないのならば、なぜわたしたちはこのような目標を追い求めるのでしょうか？

現代の社会には、お金持ちになり、有名になれば、何の悩みもなく幸せに暮らせるという幻想があります。しかし、少しでも真面目に考えてみれば、それが事実ではないとわかるはずです。たしかに、実際に幸せそうに見える場合もありますが、酒や麻薬に溺れ、人間関係を破綻《はたん》させ、不安や自己嫌悪に苦しむお金持ちや有名人も大勢います。富や名声は、幸せを保証してはくれないのです。

デシとライアンは、人がこれらの皮相的な目標を追い求め、外的な基準によって自尊心を高めようとするのは、関係性、有能感、自律性の欲求が満たされないときだと述べています。

それは、他者から拒絶されるとき（関係性が奪われる）、難しい目標に取り組まなくてはならないとき（有能感が奪われる）、人に支配されるような状況に置かれるとき（自律性が奪われる）に生じます。

つまり、孤独、他者との有意義な関係がない、正しいことを行えない、プレッシャーがきつすぎる、選択の自由がないなどの状況下では、ある種の防御手段として、人は富や名声に目を向けることがあるのです。「金持ちになり、有名になれば、誰かがわたしを愛してくれるはずだ」というわけです。しかし、富や名声を得ても、必ずしも本当の幸せは得られないのです。

「自発的に行動している」感覚が成功率を上げる

五年生になる甥《おい》のハリソンは、最近まで読書が大好きでした。母親のポーラは、息子が本棚から本を取りだし、海賊や魔法使いの物語を夢中で読みふける姿をいつも目にしていました。ここ数年、わたしからのハリソンへのクリスマスプレゼントは、ボーダーズやバーンズ&ノーブルなどの大型書店のギフトカードでした。カードを手にしたハリソンはうれしそうに書店内を歩き回りながら、何時間もかけて本を選んでいました。

しかし最近、彼は自分の意思ではめったに本を手に取ろうとしなくなりました。きっかけは、五年生全員に課された宿題です。それは平日の夜、毎日三十分読書をするというものでした。本を読んだことを証明するために、親からサインをもらい教師に提出しなければなりません。

ポーラはこの義務的な読書が始まると、すぐにハリソンに変化が起きたことに気づきました。ハリソンは、早く三十分が経たないかと、本から目を離して何度も時計を見るようになったのです。本を読むことが大好きだったハリソンが、他の遊びをしたがるようにもなりました。読書が、自分のしたいことではなく、しなければならないことになってしまったからです。

もちろん、学校は善意でこの宿題を出しているのだと思います。子どもに本を読ませることがどれほど大切で、そして難しいかは、わたしもよく理解しているつもりです。読書を宿題にするのは、そのための一つの方法でしょう。しかしそのために、甥が持っていた本を読むことへの動機付けは失われてしまったのです。

自らの意思で選んだ目標は、モチベーションと満足感を高めます。心理学者のマーティン・セリグマンが「本物の幸福」と呼ぶ感覚をもたらしてくれるのです。目標を自ら選ぶことで、「内発的動機付け」と呼ばれる、賞罰に依存しない動機付けが生じます。内発的動機付けによって、楽しさ、好奇心、創造性、理解などが高まります。困難に直面しても簡単にあきらめなくなり、パフォーマンスも向上します。内発的動機付けは、驚異的な力でわたしたちを行動に導くのです。

内発的動機付けは、自らの意思で目標を選択していると感じるだけでも生じます。デシとライアンは、自分の意思で選択できる、もしくは選択していると感じられる状況で、自律性が高まると述べています。

これは、親や教師、コーチ、事業主など誰かに動機付けを与える立場にあるすべての人にとって価値ある情報だと言えます。

年齢や置かれている状況は関係ありません。ある研究によれば、八年生から十年生の男女約三百人の生徒のうち、体育の教師が自律性を重んじている（「自分に選択肢を与えてくれている」「自分を受け入れてくれている」）と見なしている生徒のほうが、そうでない生徒よりも運動を楽しいと感じており、学校以外でも運動しようとする傾向が見られました。自分が選択したと認識するだけで、運動に対する前向きな気持ちがわき起こるのです。

他にも、自らに選択権があり、人生は自分で切り開くものだと考える人ほど、モチベーションが高く、成功しやすいという研究結果があります。

肥満の人の減量を取り上げた研究では、スタッフが自律性を尊重してくれると感じた被験者のほうが、スタッフに管理されていると感じた被験者と比べ、体重を多く減らし、定期的にエクササイズを行い、その後の追跡調査でも順調に体重を維持しました。

糖尿病管理プログラムや禁煙プログラム、アルコール依存症の治療などでも同じような結果が得られています。また、他者からのものでなく、自らの願望や価値観を反映する新年の誓いは、実現しやすくなるという研究結果もあります。

やる気を奪う「ごほうび」の与え方

自律性は生徒の意欲を高めるためにとても重要です。教師が話を聞いてくれ、自分の興味のあることを応援してくれると感じると、生徒の自律性が高まります。生徒は、教師と共に選択と決定をする機会を与えられると感じ、学校の価値観や慣習を理解して受け入れやすくなります。対照的に、管理したがる教師は、学習とは無関係の賞罰などで生徒に動機付けを与えようとします。あらゆることに規則をつくり、その理由を説明せずにただ従わせようとします。

自律性を重んじる教師に教わっている生徒のほうが中退をせず、成績がよく、創造性が豊かで、チャレンジ精神があり、好奇心が強く、授業を楽しんでいることがわかっています。自律性の欲求が満たされれば、生徒たちは学ぶことが好きになり、より多くを学ぶようになるのです。

自律性の欲求が妨《さまた》げられると、逆のパターンに陥《おちい》ります。もともと学ぶことが好きな生徒は、必要以上に管理されていると感じると、学ぶ意欲を低下させます。内発的動機付けはデリケートなものなのです。

これを実証した研究があります。心理学者のリチャード・ニスベットらは、三歳から五歳までの未就学児がマーカーペンや他のおもちゃを使って遊ぶ回数と時間を観察しました。一部の子どもには、マーカーペンで上手に絵が描けたらごほうびをあげると伝えました。ごほうびについて聞かされた子どもは他の子どもよりも長時間マーカーペンを使って遊びました。

数週間後、興味深い結果が観察されました。前回、ごほうびをもらった子どもたちは、ごほうびがないとマーカーペンにまったく興味を示さなくなったのです。ごほうびをもらったことで、マーカーペンで遊ぶ内発的動機付けが損なわれてしまったと考えられます。マーカーペンは、ごほうびが得られるときにだけ遊ぶおもちゃになってしまったのです。一方、ごほうびをもらわなかった子どもは、内発的動機付けを失うことなく、前回と同じく自発的にマーカーペンで遊んでいました。

ただし、すべての報酬が動機付けを失わせるのではありません。報酬にもさまざまなタイプがあります。たとえば、事前に知らされることなく、予定外に与えられた報酬はあまり悪影響を与えません。先の実験でも、子どもたちが遊んだ後に、前触れなくごほうびを与えていれば、子どもたちのマーカーペンへの興味は失われなかったはずです。「よくできました」「すごいね」などのほめ言葉も悪影響を及ぼすことはありません。

他者に動機付けを与えるために報酬を利用する際は、内発的動機付けが低下する仕組みを理解したうえで、状況に応じて適切に用いることが大切です。たとえば、作業が退屈で、対象者が最初からその作業を行う動機付けを持っていない場合などに効果的です。

内発的動機付けは、脅威、監視、時間的制約などによっても低下します。人は、管理されていると感じると、自律性を失います。職場には内発的動機付けを損なうようなきっかけが多く、従業員は自分の意思で選択して行動しているという感覚を持ちにくくなることがあります。

自律性の感覚を取り戻すには、人びとに選択の感覚を与え、その感情を尊重することが大切です。どのような環境であれ、多かれ少なかれ、報酬、脅威、時間的制約などが関係してくるものです。このため、いかに自律性を得やすい環境をつくり、人びとの内発的動機付けを保てるかが重要です。

こうすると、自分から勉強したくなる

目標や行動をつねに自らの意思で選択できるとは限りません。学生や従業員が、課題や業務をすべて自分で決めることはできませんし、子どもには親の助けが必要です。

内発的動機付けを損なわないよう、選択の感覚を与えながら他者への目標を設定するにはどうすればよいのでしょうか。

選択肢は多くなくてもかまいません。また、選択できる内容の違いがわずかしかなかったり、選択しているという感覚を与えるだけでも効果があります。これを実現するのは、とくに難しいことではありません。

心理学者のダイアナ・コルドヴァらは、子どもの選択の感覚に関する実験を行いました。子どもを対象にしたのは、小学三年生から高校生にかけて、内発的動機付けが徐々に低下するという研究結果があるためです。学ぶことへの自発的な興味は、成長に伴い徐々に薄れていきます。この内発的動機付けの低下を食い止めたり、逆に高めたりする方法を探ることはきわめて重要な研究テーマだと言えます。

コルドヴァらは、生徒たちにSFをテーマにしたパソコン用の算数学習ゲームを与えました。このゲームは、計算式を解く順序を学ぶためのものです（たとえば「6＋4×5・3」のような問題で、先に掛け算をしてから足し算することを学びます）。

このゲームでは、子どもは学習内容を自分で選ぶことはできません。ただし、一部の生徒には、学習とは無関係の部分を選択できるようにしました。自分を表すアイコンを四つのなかから選び、宇宙船に好きな名前をつけられるようにしたのです。他の子どももまったく同じゲームを行いますが、アイコンや宇宙船の名前はコンピューターが自動的に決定します。

実験の結果、宇宙船の名前やアイコンを選択できた生徒のほうが、ゲームを楽しみ、休み時間にもプレーを続ける傾向を示しました。さらに、その後の算数のテストでも、成績を向上させました。選択対象が学習内容とは無関係であったにもかかわらず、です。子どもたちは学習した内容をよく理解できたと答え、より難易度の高いゲームをしたいとも述べました。選択の感覚を与えるだけで、自律性の欲求が満たされ、内発的動機付けが高まり、大きな成果に結びつくことがあるのです。

与えられた目標を「自分の目標」に変える

人に目標を与える際、相手に選択の感覚と自律性を持たせることが重要なのは、相手がその目標を自分自身のものとして自然に受け入れるようにするための、最善の方法でもあるからです。心理学では、これを「内面化」と呼びます。内面化とは、外的な規範や要求を自らにとって価値あるものとして受け入れることを指します。子どもが親の理想や助言を自分のものとして受け入れることも内面化と言えます。

わたしの場合、子どものころは、母から家のなかに泥を持ち込まないでとよく叱られていましたが、いまは娘に同じことを言うようになりました。これも内面化です。

母のきれい好きなところを尊敬していたわたしは、同じようにきれい好きになったのです。

基本的欲求が満たされると、内面化が促されます。親や友人、上司など、他者との関係性の感覚を実感しているときにも内面化が生じやすくなります。内面化では、自分の行動の基準となるような、大きな価値を感じることも大切です。目標が重要である理由がわかると、関係性と有能感の感覚も高まります。

逆に、過度な管理や抑圧を感じると、内面化のプロセスは妨げられ、自律性の感覚が奪われます。その結果、目標はいやいや追い求めるものになってしまうのです。

母からは、家のなかをきれいにすることの大切さを何度も説かれ、自室は自分で掃除するようにとしつけられました。きれいな部屋を見回したとき、自分で掃除をしたからだと思うと、誇らしさを感じました。やがて部屋をきれいにすることは、母に言われてすることではなく、自分にとって欠かせないことになりました。

内面化は重要です。目標が内面化されれば、創造性、深い理解力、優れた成果、喜び、仕事への意欲など、内発的動機付けによるさまざまなメリットが得られます。また、目標を与える側が、賞罰を与えたり、行動を絶えず監視するなどしなくてもすみます。目標を自分のものとして受け入れると、心の健康が保たれ、幸福感も高まります。

自律性は独立心やわがままと混同されることがあります。しかし、それは自分勝手に振る舞うことや、他者への思いやりを軽視することではありません。孤立し、自分だけの世界に閉じこもれば、関係性は損なわれます。

真の自律性とは、明確な意思と責任を持って誠実に選択することです。行動には自分の信念と価値観が反映されます。自律性は、他者とのつながりや思いやりの心、協力的な態度と対立するものではありません。家族や仲間と共に目指す目標や、他者を支援する目標も、あなた自身の目標として捉えることができます。そして、この種の目標ほど、幸福感をもたらしてくれるものはないのです。

第５章のポイント

1. 基本的な欲求をカバーする

目標の達成が、必ずしも幸福感をもたらすわけではありません。永続的な幸福感や充足感を得やすいのは「関係性」「有能感」「自律性」を満たす目標です。

2. 人間関係を良好にする

人間関係を築いたり深めたりする目標、集団や他者に貢献する目標は、「関係性」の欲求を満たしやすくなります。

3. 技能を向上させる

経験から学んだり、技能を身につけたりすることで個人的な成長が促される目標は、「有能感」の欲求を満たしやすくなります。

4. 情熱が持てる目標を選ぶ

「興味がある」「楽しそう」「自分の特性や価値観に合っている」などを理由に選択した目標は、「自律性」の欲求を満たしやすくなります。

5. 富や名声のすべてに価値があるわけではない

富や名声、他者からの評価のみを重視した目標からは、真の幸福感を得ることは難しくなります。これらは、本当に自分のためになる目標の妨げとなり、心の健康を損ねる要因になる場合もあります。

6. 自発性を重視する

自発的に目標を選ぶことで内発的動機付けが生まれ、忍耐力や創造性が高まり、大きな成果を出しやすくなります。内発的動機付けは、賞罰、時間的制約、過度の監視など、他者からの管理によって低下します。

7. 自律性はモチベーションを高める

自律性が奨励されていると感じる環境にいるだけで、内発的動機付けを保ちやすくなります。自分の意思が認められ、選択ができると感じると、モチベーションと幸福感が高まります。このため、他者に目標を与えるときは、相手の考えを尊重し、選択の感覚を与えるようにすると効果的です。

第6章 欲しいものと邪魔なもの

――どんな目標も攻略できる

これまでの章では、さまざまなタイプの目標について詳しく見てきました。あなたはいま、それぞれの目標の特性について学んだことを、今後の自分の目標設定に活用したいと考えているのではないでしょうか。

しかし、どのタイプの目標を、どのような場合に選べばいいのかわからないと感じている方も多いと思います。そこでこの章では、「獲得型」と「防御型」、「証明型」と「習得型」、「何」と「なぜ」などの各種の目標を、その特性に応じて適切に選択する秘訣を学んでいくことにします。

何より大切なのは、目標を設定する前に、「求めているもの」と「障壁になっているもの」を明確にすることです。

目標には、「困難で、忍耐力が求められる」「誘惑に耐え、犠牲を払わなければならない」「達成だけでなく、その過程も楽しみたい」「創造性が求められる」「スピードが必要」「正確さを重視したい」など、さまざまな条件があるはずです。

残念ながら、あらゆる条件に適した目標設定の方法はありません。目標のタイプにはそれぞれ長所と短所があるからです。それでも、これらの長所と短所をよく理解し、状況にもっともふさわしい目標を選ぶことで、大きな効果をあげられるようになります。

以降のセクションでは、目標設定におけるさまざまな条件と、その場合に選択すべき目標のタイプを示していきます。目標の特性をうまく生かして最適な選択をすれば、問題や困難を乗り越えやすくなります。では、さっそく見ていきましょう。

簡単なことを達成したければ、結果を意識する

目標は難しいものばかりではありません。単純なものや、何度も経験したことで勝手がわかっているもの、必要な能力をすでに身につけているものなどが対象になることもあります。

このときに効果的なのは、具体的な結果を重視する「証明型」の目標です。簡単な

目標は、才能や能力を周囲に示す大きなチャンスであり、高い動機付けにつながります。報酬が絡むと、動機付けはさらに強化されます。よいパフォーマンスによって報酬が得られると感じると、意欲と集中力が高まり、パフォーマンスが向上します。意欲と集中力は、得意な領域で本領を発揮するために欠かせないものです。

達成によって得られるものに注目する「獲得型」の思考も効果的です。タスクが簡単だとわかると、自信が生まれ、成功の見込みを楽観的に考えるようになります。獲得型の目標では、この楽観的な見込みが動機付けを高めます。

逆に、簡単な対象には「防御型」の目標設定は適していません。成功への見込みが高まるにつれて意欲が低下するからです。獲得型の思考をするには、得られるものを具体的にイメージすることが効果的です。夢や願望をうまく目標と結びつけましょう。

意欲が湧かないときは、理由を意識する

達成したいと強く願っている目標があるのに、意欲が湧かないことがあります。着手しなければと頭ではわかっていても、行動が伴わず、時間だけが過ぎていきます。行動しなければ、ゴールには近づけません。意欲が湧かない大きな要因の一つは、目標の不適切な設定方法です。目標をどう立てるかで、モチベーションや実行力は大き

く変わります。

一つの方法は、「なぜ」を考えることです。第1章で見たように、わたしたちは目標を、達成すべき理由（なぜ）と、具体的な行動（何）のどちらかの視点で捉える傾向があります。

たとえば、定期的なエクササイズという目標は、「健康的で魅力的になる」（なぜ）とも、「週に三回、スポーツクラブのランニングマシンで走る」（何）とも考えることができます。モチベーションを高める効果が大きいのは「なぜ」の考え方です。目標を目指す理由を考えることで、目の前の小さな行動を大きな絵のなかで捉えられるようになり、その重要性を意識しやすくなるからです。

行動を先延ばしにしないためには、「防御型」の目標も有効です。失敗したときに生じ得る損失を直視することで、意欲が高まります。

防御型の思考は、行動を先送りにしません。差し迫る危険を回避するためには、すぐにでも行動しなければならないと考えるからです。腰の重さが悩みなのであれば、失敗したときに何を失うかを真剣に考えてみましょう。あまり楽しいことではありませんが、行動力を高めるためにはとても効果的です。

難しいことをするときは、小さなステップを意識する

目標に至る道のりは、しばしば険しいものになります。たとえば「初めての子育て」「未経験の仕事を始める」など、未知の領域に足を踏み入れる場合がそうです。「会社の経営」「難しい交渉」など、取り組むべき対象そのものが複雑な場合もあります。ダイエット中の人は、嫌でも目に入ってくる美味しそうな高カロリーの食べ物の誘惑に耐えなければなりません（職場では、同僚が家で焼いてきた手作りクッキーが配られたり、会議室のデスクにさりげなくブラウニーが置いてあったりします）。

目標には、途中で必ずといってよいほど壁にぶち当たる類のものもあります。そのときに鍵を握るのが、失敗から立ち直る力です。

たとえば俳優は、成功するまでに多くの壁にぶつかります。名優と呼ばれる人でも、オーディションに落ち続けたり、演技を酷評されたりといった経験をしているものです。世の中から何度も拒絶されながらも、そのたびに自らを奮い立たせ、挑戦を続けてきたのです。他の職業でも同じです。政治家は落選し、発明家は失敗作をつくり、弁護士は裁判に負け、医者は努力の甲斐《かい》なく患者を失います。大きな成功を収めた人で、不遇時代のエピソードがまったくない人を探すほうが難しいくらいです。

予測も回避もできない障害物がたくさん待ち構えている道のりを進むとき、どのタイプの目標を選ぶかがとても重要になります。適切なタイプの目標を選ぶことで、困難にめげず、粘り強く挑戦を続けやすくなります。

一つは、「具体的」な目標の設定です。第1章で見たように、動機付けを高めるには、「難しいが可能」で「明確に設定された」目標が最適です。「痩せる」よりも「三キロ減量する」のほうが効果的な目標です。目標に到達したかどうかがはっきりとわかるからです。曖昧な目標は、困難に直面すると途中であきらめてしまいやすくなります。

対象が難しいときは、「何」の思考も役立ちます。「すべきことを明確にし、次に取る行動に集中する」ことで、着実に前に進みやすくなるのです。

難易度が高いと、不安や自己不信が生じやすくなります。不安への対処に最適なのが、「何が得られるか」より「何を失うか」に注目する「防御型」の目標です。防御型の思考では、物事がうまくいかないと危機感が強まり、何とかして目標を達成しようと考えるようになります。悲観的な気持ちによって、逆にモチベーションが高まるのです。このため、困難に直面しても簡単には目標をあきらめません。

目の前の成果よりも、長期的な成長や改善を重視する「習得型」のアプローチも有効です。成長の度合いに注目すれば、困難にうまく対処できるようになります。失敗を教訓にして、そこから学ぶようになります。ゆっくりとではあっても、成長していることを実感できれば、目先の結果にとらわれなくなります。着実に、粘り強くゴールに向かうことができるのです。

誘惑に負けそうなときは、失うものを意識する

誘惑に打ち勝つことが大切な目標もあります。テストでいい点を取るためには、好きなテレビ番組を我慢し、友達からのパーティーの誘いを断って教科書に向かわなければなりません。昇進するには、上司に面と向かって「馬鹿野郎！」と叫びたくなる気持ちをぐっと堪《こら》えて、体裁よく振る舞わなくてはならない場合もあるでしょう。減量や禁煙など、ドーナツやマルボロライトの誘惑に負けないことそのものが目標になる場合もあります。

誘惑に負けないようにするのは簡単ではありません。相当な自制心を必要としますし、さまざまな支援も要ります。そして、できる限り誘惑や気を逸らすものにうまく対処できる目標を選ぶことが重要です。

ここでは、「なぜ」の思考が役立ちます。目標を追い求めている理由を意識し、大きな絵のなかで目の前の行動を捉えると、誘惑に打ち勝てるようになります。ミルク

シェイクを飲みたくなったら、それを我慢することで得られる健康や魅力的な身体を思い浮かべるようにするのです。ダイエットを始めた理由を意識すれば、食べものに手を伸ばしたくなる気持ちを抑えやすくなります。

「失敗によって失うもの」に注目する「防御型」の思考も忍耐力を高めます。防御型思考は、誘惑や気を逸らすものがあるときのほうが、よい成果をあげることもあります。

防御型思考では、誘惑や気を逸らすものに直面すると、警戒心や危機感を高めます。たとえば、おいしそうなデザートの山を見ると、それを砂糖やチョコレートでコーティングされた手榴弾のように危ないものと見なします。それは失敗の可能性を思い起こさせるものであり、結果として、デザートの山はダイエットの動機付けを高めるものになるのです。

病気をしたことがきっかけで、健康への意識に目覚める人は少なくありません。クリントン元大統領は、心臓のバイパス手術を受けてから、マクドナルドにはめったに行かなくなり、かつてないほど健康的になりました。わたしの父も、思い立って近所をジョギングしてみたものの、数十メートルで息切れしたことに危機感を覚えて禁煙し、以前より健康について真剣に考えるようになりました。

起こり得る恐ろしい結果に直面したことで、クリントンがフライドポテトを食べたいという欲求と、父が煙草を吸いたいという欲求は急激に低下したのです。

わたしたちは、不安や恐ろしい経験などを契機にして、防御型の目標を持つようになることがあります。そして、防御型の思考を保っている限り、誘惑に簡単には負けません。

スピードが必要なときは、得られるものを意識する

目の前の仕事を、とにかく早く終わらせなければならないことがあります。求められるのは、質よりも量という場合などです。「あと十分で来客が到着するのに家のなかは散らかったまま」「クリスマスイブなのにまだプレゼントを買っていない」「明日までにレポートを提出しなければならないのに四百ページもある課題図書をまだ開いてもいない」——このような場合には、どのような目標を設定すればよいのでしょうか。

答えは簡単です。そう、「獲得型」の目標にすればいいのです。「失うもの」ではなく「得られるもの」に注目することで、行動のペースが速まります。

獲得型思考をすると、リスクを恐れず迅速に行動します。細部にはこだわらず、要点に着目するので、その分ミスは起こりがちですが、仕事を素早く成し遂げたいとき

には最適なのです。

正確さが求められるときは、失敗の結果を意識する

スピードよりも、正確さが重視されるときもあります。時間はかかってもかまわないので、ミスをしないように仕事を成し遂げたいときに有効なのは「防御型」の目標です。

「失敗したら失ってしまうもの」に注目すると、リスクを避けるために慎重に行動するようになります。文章を読むときも、ゆっくりと一文字ずつ注意深く文字を追いかけるようになり、わからないところは何度も読み返します。時間はかかりますが、ミスは減らせます。

創造性が求められるときは、自発性を意識する

固定観念にとらわれず、自由な発想で斬新なアイデアを生み出したいときには、「獲得型」の思考が適しています。「得られるもの」への注目によって楽観的になり、抽象的に物事を考え、多くのアイデアを検討し、積極的にリスクを取るようになりま

す。その結果、創造力が高まり、革新的な発想が生まれやすくなるのです。

自ら進んで行っているのだと感じられるよう、自分で目標を設定することも効果的です。内発的動機付けは、純粋に何かをしたいと思う欲求であり、創造力と自律性を高めます。逆に、必要以上に管理されていると感じると、抽象的な思考や革新的な思考は弱まります。時間的な制約、罰則、監視、報酬で頭が一杯になっているときも、創造力は低下しやすくなります。

過程を楽しみたいときは、成長を意識する

達成までの道のりが、つらく苦しいときもあります。学生は多くの課題図書を読まなくてはなりませんが、それは必ずしも楽しいものではありません。職場で〝あの人はできる〟と一目置かれている人でも、毎朝、憂うつな気持ちで出勤しているかもしれません。親なら誰でも子どもを愛おしく思っているはずですが、子育てや、親であるということが想像以上に大変だと実感しているケースも少なくないでしょう。過程に興味を持ち、楽しむためには、どのような目標を選べばよいのでしょうか。

一つは、物事を習得していること自体に着目することです。技能の習得や個人的な成長を重視する人は、授業の内容に関心を持ち、積極的に仕事に取り組み、人生全般

を楽しみやすくなります。第3章で紹介した化学を履修している学生の研究でも、履修の目的を「能力の開示」ではなく「知識の習得」と考えている学生のほうが、学習を楽しんでいました。習得型の学生は、成績と関係なく、化学に興味を持つようにもなっていました。習得型の思考をしていると、パフォーマンスのできにかかわらず、体験から学び、過程を楽しもうとするのです。

また、他者によって決められたのではなく、「自発的」に選んだ目標に対しては、興味を持ちやすく、過程を楽しみやすくなります。報酬や罰などで管理されると、結果を重視するようになり、過程への興味を失いやすくなります。

年次評価を気にしてばかりいたら、仕事を楽しむのは難しくなります。親から催促されてしぶしぶピアノの練習をしているときは、自分が奏《かな》でる音色を味わいたいとは思えないかもしれません。勝敗に固執するコーチの下で、あまりにもプレッシャーがきつく感じられるようなら、スポーツの試合中に楽しさや喜びを味わいにくくなるでしょう。過程を楽しむには、自ら定めた目標を目指すことが大切なのです。

幸せになるには、三つの要素を意識する

わたしたちは、「人生の成功者になれば幸福になれる」と考えがちです。しかし現

実には、傍目《はため》からは成功者と見なされながら、幸せとは程遠い人生を送っている人は少なくありません。目標の達成には成功しても、人間の基本的な欲求である「関係性」「有能感」「自律性」が満たされていないからです。

「関係性」は、他者と良好な関係をつくり、育んでいくような目標の達成によって満たされます。「有能感」は、個人的成長に着目した目標によって満たされます。「自律性」は、自らの興味や価値観に合った目標を、自分の意思で追っているときに満たされます。

これらの基本的欲求は、自分以外の何かを評価基準にした目標（金持ちになりたい、有名になりたいなど）では満たせません。関係性、有能感、自律性の欲求を満たせなければ、喜びがいつまでも続くことはありません。また、富や名声を強く追い求めようすると、基本的欲求を満たすための行動をする余裕がなくなり、結果として惨《みじ》めな気持ちを味わうことも多いのです。

歩き始めたばかりの小さな子どもは、有名になりたいとは思っていませんし、お金にも興味を示しません。子どもたちが関心を持つのは、親や身のまわりにいる大人から愛情を得ることや一緒に遊んでもらうこと（関係性）、歩いたり積み木を組み立てたりする方法を学ぶこと（有能感）、自分のしたいことをすること（自律性）です。

このくらいの年齢の子どもに何かをさせようとするのはとても難しいものです。自律性の原則に従っている子どもは、何かを押しつけられることに強い抵抗を示すからです。

子どもと大人、どちらの知能が高いかと言えば、それはおそらく大人でしょう。しかし、こと動機付けに関しては、子どものほうがその原理に正しく従っていると言えます。子どもたちは本当に必要なものを満たすための目標を追い求め、不要な目標に煩《わずら》わされたりはしないのです。これは、「なぜ子どものほうが大人よりも幸せそうに見えるのか」を説明する理由の一つと言えるかもしれません。

第6章のポイント

1. 簡単なことや、得意なことをするとき
能力を示すことに注目する「証明型」の目標と、得られるものに注目する「獲得型」の目標を設定しましょう。

2. やる気が湧かないとき
「なぜ」に注目し、目の前の行動の意味を大きな絵の一部と捉えることが役立ちます。また「防御型」の思考によって、「失敗したら失うもの」をイメージすると効果的です。

3. 難しい（不慣れな）ことに挑戦するとき
目標を「具体的」に設定しましょう。「何」の思考で、次にすべき行動に集中するのです。また、「習得型」の目標を持てば、目前の結果にこだわらず、失敗を繰り返しながら少しずつ成長していくのに役立ちます。

4. 誘惑に負けそうなとき
「なぜ」の思考で目標の本来の理由を思い浮かべましょう。失うものにフォーカスする「防御型」の思考も、誘惑に負けにくくなります。

5. スピードが必要なとき
得られるものにフォーカスした「獲得型」の目標が最適です。

6. 正確さが求められるとき
失うものにフォーカスした「防御型」の目標が最適です。

7. 創造性が求められるとき
「獲得型」の目標が効果的です。目標を自分の意思で選ぶことも大切です。自律性の感覚は創造性を高めます。

8. 過程を楽しみたいとき
「習得型」の目標と、自らの意思で選択した「自発的」な目標が適しています。

第7章
背中を押す
――人を動かす科学

この章では、他者への目標設定についてアドバイスします。管理職、教師、親などにとっては、部下や学生、子どものモチベーションを上げることも大切な仕事です。他者の仕事や勉強の効率を高め、充実した日々を送らせるようにすることは、上の立場にいる者の責任だと言えます。しかし、チーム全体を考慮しつつ、各人が最大の成果をあげられるようにそれぞれの目標設定を支援することは、当然ながら簡単ではありません。

人は、誰かから目標を押しつけられると抵抗を感じます。学生に「試験でよい点を取るより、学ぶことそれ自体を大切にしなさい」とアドバイスすれば、「試験の結果で評価されるのだから、成績が何よりも大事だと考えるのは当然だ」と反論されてしまうでしょう。部下に「お金のためだけに働くのではなく、仕事を自己成長のチャンスと捉えてほしい」と伝えても、同じような反応が返ってくるはずです。

他者の目標を変えるのはとても難しいことです。しかし、わたしたち社会心理学者はこれを得意としています。さまざまな目標の働きを研究するために、さまざまな技法を用いて、被験者に特定の目標を持たせることを頻繁に行っているからです。これらの技法は、職場や学校、家庭などでも応用できます。

この章では、他者に各種の目標の選択を促す方法を学びます。合図を効果的に用いることで、相手ははっきりと合図の存在を意識することなく、高いモチベーションで目標を目指すようになります。これらの技法はシンプルで使いやすく、とてもパワフルなものです。

「自分で管理している感覚」を与える

管理職は、会社が定めた目標を部下に受け入れてもらわなくてはなりません。教師も、教育機関が定めた学習カリキュラムに従って、生徒が積極的に勉強するよう仕向けなくてはいけません。既定の目標を相手に割り当てる「直接的アプローチ」は、必ずしも最適な方法とは言えないものの、他に選択肢がない場合もあります。そして、これらの目標を部下や学生が積極的に受け入れてくれるという保証もありません。そのような場合に相手のモチベーションを高めるには、どうすればよいのでしょうか。

一つの方法は、相手に〝自分で目標を選択し、主体的に関わっている〟という「コントロールの感覚」を与えることです。

一方的に目標を押しつけられたという感覚を取り除き、自律性を高めることが狙いです。

コントロールの感覚を与える方法はいくつかあります。

まず、相手が、複数の選択肢から目標を選べるようにします。選択肢は多くなくてもかまいません。二択でも効果があります。

目標がすでに決まっている場合は、目標への到達手段を選ばせることで、選択の感覚を与えられます。たとえば、わたしの社会心理学の講義では、試験の点数が唯一の評価基準です。つまり、目標は講師のわたしによって規定されています。ただし、試験のタイプ（「選択形式」か「論文形式」）は学生が選べるようにしています。学生は自分の好みや能力に応じて、目標への到達手段を選択できます。選択ができれば、自らの状況をコントロールしているという実感が生まれ、意欲が増し、ストレスや不安も減ります。

目標のタイプや到達手段を相手と一緒に決めることでも、コントロールの感覚が高まり、目標の価値や意義などを理解しやすくなります。目標の価値をよく理解できれば、目標を受け入れやすくなり、モチベーションも高まります。

しかし、つねに他者と一緒に目標を設定できるとは限りません。このときに効果的なのが「契約」です。これは通常、目標と具体的な行動を明記した誓約書への署名という形を取ります。公に約束をすることによって、目標の価値が高まります。誰であれ、約束を破りたくはありません。約束を果たせないことは恥ずかしく、自らの能力のなさを示すことを意味します。契約は、薬物中毒や減量、禁煙、夫婦間の不和の調停にも効果があることがわかっています。

わたしは最近、契約の効果をよく表していると思われるテレビ番組を見ました。参加者が、長期間にわたって減量を競うという内容です。参加者は厳格な食事メニューに従い、トレーナーの指示で激しいエクササイズに取り組みます。毎週、その週に減量したキロ数が一番少ない参加者が、ロケ地から脱落させられていきます。参加者は、過酷《かこく》な減量に挑みます。摂取カロリーは厳しく制限され、長時間の激しいエクササイズを行わなくてはなりません。

何年も運動をする習慣がなかった参加者が、なぜこれほど高いモチベーションで減量という目標を目指せるのでしょうか。大きな理由の一つは、番組に参加する前に

「最大の努力で減量に挑む」という誓いを立てたことにあるはずです。減量の達成状況は、テレビの前の大勢の視聴者の目にさらされます。公に契約をしたことが、参加者の動機付けをこれほどまでに高めているのです。

ただし、出演を終えたとたんに、参加者の多くはリバウンドをしてしまいました。カメラやトレーナーが目の前からいなくなると同時に、契約の効果も消えてしまったのです。減量して健康になるという目標を保ち続けるためには、自発的な意思が必要だということがわかります。

潜在意識に「合図」を送る

第2章で見たように、わたしたちは日常生活のなかで、無意識的に多くの目標を達成しようとしています。潜在意識で生じた目標は、それをはっきりと自覚させることなく、わたしたちを行動へと向かわせます。身のまわりのあらゆるものが、無意識的な行動の引き金になり得ます。

潜在意識は強力な味方です。止むことなく働き続け、あらゆるものを知覚し、顕在意識よりもはるかに多くの物事を処理できます。たとえば試験でよい成績を取るという目標では、それに関連する言葉（「勝利」「達成」「成功」「競争」など）を目にしたり、成績のいい人と話をしたり、勉強を応援してくれる親のことを思い浮かべるだけでも行動が引き起こされます。試験の本番で使うのと同じ鉛筆を手にするだけでも効果があるのです。

第2章では、身のまわりに行動を促す合図を多く配置することが、目標達成に役立つことも説明しました。このアドバイスは、他者に対しても有効です。合図を用いることで、こちらが意図した意欲を相手に持たせやすくなるのです。

合図にはさまざまなものが使えます。シンプルで効果的なのは言葉です。心理学者のターニャ・チャートランドらは、被験者に「贅沢」または「倹約」のどちらかを連想させるいくつかの単語を見せた後に、靴下を選ばせるという実験を行いました。どちらも値段は六ドルですが、一方は高級ブランド（トミー・ヒルフィガー）の一足、もう一方は大衆ブランド（ヘインズ）の三足です。

その結果、「贅沢」を連想させる言葉を見せられた被験者は六〇%以上の確率で高級ブランドの一足を、「倹約」を連想させる言葉を見せられた被験者は八〇%の割合で大衆ブランドの三足を選びました。被験者に高級ブランド名（ティファニー、ニーマン・マーカス）または大衆ブランド名（ウォルマート、Kマート）をサブリミナルに知覚させた実験でも、同じような結果が見られました。

この実験から学べるヒントは、たとえば恋人から高価なプレゼントをもらいたければ、一緒にさりげなくブランド店の前を通り過ぎると効果が期待できるということです（ただし、あまり頻繁にこの手を使うと、相手に怪しまれてしまうかもしれませんのでご注意を）。

目標と直接的な関係がある道具や場所も引き金になります。スポーツクラブに行くことはエクササイズを、野菜の直売所に立ち寄ることは健康的な食生活を、コンピューターの前に座ることは仕事（あるいはゲームやフェイスブック）を開始する引き金になります。

ただし、注意すべき点もあります。まずは、その合図は、相手があなたの意図と同じものとして受け止めるものであること。勉強が捗《はかど》るようにとコンピューターを買い与えても、子どもはそれでゲームをするかもしれません。

また、相手が価値を感じている行動でなければ、いくら合図を用いても効果はありません。節約にまったく価値を見出していない人が一ドルショップの前を何度通り過ぎても、それをきっかけに倹約家になる確率は低いのです。

「フレーミング」で意識を変える

心理学の実験では、被験者の目標を操作するために「フレーミング」と呼ばれる技法を用います。人は行動する前に、たいていは無意識のうちに、それが自分にとって何を意味するのか、どのような価値があるのかを考えます。ちょうど、俳優が演技をする前に、そのシーンの意味を考えるのに似ています。実験では、人びとが日常的に行っているこの行為を、「フレーム（枠組み）」を提示することで意図的につくりだします。課題を提示し、その課題の意味を説明することで、被験者が無意識に特定の目標に向かうよう仕向けるのです。

たとえば、獲得型／防御型の目標に関する実験では、課題を提示する際に、「それをうまく行うと得られるもの」に注目させることで獲得型の目標に、「失敗すると失うもの」に注目させることで防御型の目標に被験者を導きます。

このフレーミングは心理学の実験以外の現実の世界でも、誰にでも簡単に行えます。相手に課題を与え、次に「成功したら得られるもの（そのためにできること）」または「失敗することで失うもの（そうならないためにすべきこと）」のどちらかを考えさせればよいのです。

わたしはよく、実験で習得型／証明型のフレーミングを行います。被験者に課題（回文、パズル、数学の問題など）を与え、習得型のフレーミングでは、課題の目的が「価値ある技能を身につけるチャンス」であり、「繰り返し行うことで技能が向上する」と伝えます。

証明型のフレーミングはさらに簡単です。「成績を他者と比較する」「成績で能力（創造性、知性、運動能力）を評価する」と伝えるだけです。たいていの人は、成果で評価されると理解した時点で、証明型の目標を心に抱きます。

評価の方法も、目標設定に影響します。心理学者のルース・バトラーは、人は他者との比較で評価されるときは証明型の目標を、課題そのもののできや自身の進歩を基準にして評価されるときには習得型の目標を持つ傾向にあることを発見しています。

バトラーは中学生に問題を解かせる実験を行いました。片方のグループには他の生徒と比較して評価すると告げ、もう一方のグループには当人の成績の向上を基準にして評価すると告げます。

テストを始める前に、生徒たちに、問題を解いていくうえでの目標を書かせました。他の生徒との比較で評価されると告げられた生徒には、「能力を示す」「答えを間違えない」などの意見が多く見られました。

自分自身の成績の伸びで評価されると告げられた生徒には、「頭を鍛える」「問題解決能力を高める」などの意見が多く見られました。実験の結果、課題を何度も繰り返していくと、後者のグループのほうに大きな成績の伸びが見られました。またこのグループは、前者のグループの生徒よりも、実験が楽しかったと報告しています。

つまり、評価の方法を知らされるだけで、わたしたちの目標の捉え方は変わります。その目標についての枠組みが、その課題がどういうものか（他者との競争なのか、または自分自身の進歩が必要なのか）を示します。それによって、それに対応する目標が自ずと生じるのです。

心理学者は、フレーミングを行っていることを相手に悟られないように細心の注意を払います。被験者は、何かを強制されたり、誘導されたりしていると察知すると、自らの意思で目標を選択したという感覚を失ってしまい、実験の効果が薄れてしまうからです。フレーミングを活用する場合は、この点に注意しましょう。

見本のエピソードで「刷り込み」をする

目標は風邪のように伝染します。わたしたちは、目標に向けて邁進《まいしん》している他者の姿を見ることで、同じ目標に向かおうとします。これは無意識的な目標追求の引き金のなかでも、きわめて強力なものの一つです。目標を追いかけている人が知り合いである必要はありません。大事なのは、その人の目標がポジティブなものに見えること。魅力のない人や魅力のない目標では、引き金の効果が薄くなります。

わたしはこれまで、大学生に学びと成長の価値に意識を向けさせるための研究プログラムの一環として、目標伝染のテクニックを使用してきました。

現在、アメリカでは多くの大学生が大きなストレスを抱えています。かつてないほど成績が重視され、知識の習得や個人的な成長が軽視されているからです。競争に疲れた学生は、途中でレースを降りてしまいます。アメリカの大学の中退率の高さは警戒すべきレベルに達しています。このような背景からも、若者に習得型のマインドセットを持たせることは、きわめて重要だと言えます。

しかし、「成績ばかりにこだわらず、もっと学びを重視しましょう」と伝えるだけでは、効果は期待できません。学生からも大きな反発を買うでしょう。学生は、自分たちが成績で評価され、その評価がその後の人生において重要な意味を持つことを知っています。

そもそも、学生を評価する立場にある教師が、「成績よりも学びや成長を大切にしなさい」と言ったところで、偽善だと捉えられても仕方がありません。そのときに有効なのが、習得型の模範的な人物の例を使って、学生にそれが伝染することを期待するという方法です。

この方法は大きな効果があります。わたしは、このアプローチを心理学入門の講座で用いました。

受講者のうち、三十人の学生にアンケートへの協力を依頼します。その際、アンケート用紙には、有名な心理学者の略歴を三点、挿入します。この略歴は、これらの心理学者が、勤勉や忍耐、高い学習意欲などによって成功を得たことを伝えるものです（心理学に対する習得型の姿勢を強調します）。そのうちの一つを紹介しましょう。


アルフレッド・アドラーは一八七〇年二月七日、オーストリアのウィーンで生まれた。アドラーは、現代思想に心理療法や精神障害を伝えた功績などで高く評価される心理学者である。彼は、人間を欲求や本能の集合体としてではなく、有機的な個人として捉えることを重視し、心理学理論に大きな影響を与えた。

意外にも、アドラーの研究者としての道のりは、順風満帆なものではなかった。アドラーが、勉強が苦手な子どもたちに語っていた、自らの幼少期の体験がある。教師が、アドラーの父にこう言ったことがあるというのだ。「この子は卒業するのは難しそうだから、中退させて靴屋に弟子入りさせてはどうでしょう」。

当時、アドラーは学業への興味を失い、数学で落ちこぼれていた。しかしアドラーは、教師のこの言葉を聞いて発奮した。自らの能力を証明すると心に決め、猛勉強を重ねて、数学で優れた成績を収めた。それ以降、学業への迷いはなくなった。

この略歴では、アドラーは「努力《がんば》によって成長した人物」として描かれています。子どものころ、学校の成績が芳しくない時期があったアドラーが、心機一転して学問に打ち込み、心理学史に名を残す偉大な学者になったという事実は、習得型の素晴らしい実例です。もし、アドラーが証明型のマインドセットを持つ人物だったとしたら、成功の見込みがないという教師の意見に納得し、人間の心ではなく靴を扱う仕事をしていたかもしれなかったのです。

この調査では、別の三十人の学生にも、同じアンケートを配りました。ただし、用紙にはアドラーを含む心理学者の伝記は挿入していません。学期末に調査をしたところ、習得型へのフレーミングを行ったグループは、対照群の学生に比べて心理学の講義に対して習得型の目標を多く設定し、よい成績を収めていたことがわかりました。

また、化学の授業でも同様のフレーミングを行ったところ、習得型のグループには驚くべき変化が見られました。皆、化学が面白くなったと述べたのです。学習への意欲を高め、化学への理解を深めたことに自信をつけていました。疑問点を質問するようになり、生まれ持った才能がなければ化学でよい成績は取れないという考えは薄れていました。

目先の成果を求めない習得型にフォーカスすることは、結果的に高い成績にもつながっていました。対照群の成績には徐々に下がる傾向が見られたのに対し、習得型のグループは徐々に成績を上げていました。期末試験では、習得型のグループの成績は平均で対照群を一〇％も上回ったのです。

伝染力は、モデルとなる人物を用いることで簡単に活用できます。相手に目指してもらいたいものと同じ目標を追い求めている人物やその逸話を通して、メッセージを伝えるのです。モデルとなる人物には、できる限り話し手であるあなたにとって馴染《なじ》みがあり、高く評価している人を選びましょう。もちろん、あなた自身もモデルになれます。親や教師、管理職としてのあなたは、周囲の人びとにとって触発的で、理想的な人物となれる立場にいるのです。

第7章のポイント

1.「選択の感覚」を与える

他者に目標を与える際は、目標と、目標への到達手段を選ばせるようにしましょう。選択の感覚は意欲を大いに高めます。

2.「契約の力」を活用する

選択を与えられない場合には、契約が有効です。公に誓いを立てることで、モチベーションが高まります。誰でも、約束は守りたいと考えるからです。ただし、この方法でモチベーションを高められるのは契約の期間内だけです。目標を内面化しない限り、契約が終了するとモチベーションは低下してしまいます。

3. 適切な「引き金」を使う

わたしたちは、周りにある合図を引き金にして、無意識のうちに多くの行動を取っています。目標を達成するための行動を連想させるものであれば、言葉やモノなどさまざまなものが合図になります。この合図を用いて、相手の行動を無意識に引き起こせるのです。

4.「フレーミング」を利用する

わたしたちは、自らの成長度合いを基準に評価されるときには「習得型」の目標を、他者との比較で評価されるときには「証明型」の目標を選ぶ傾向があります。また、何かを得られる状況では「獲得型」の、何かを失うかもしれない状況では「防御型」の目標を導きます。課題を与える際、フレーミングを用いることで、あなたが意図した目標を、相手に自発的に選ばせやすくなります。

5.「伝染の力」を使う

誰かが目標を追いかけている姿を目にすると、それは強力な引き金となり、人は無意識のうちに同じ目標を求めようとします。適切なモデルと目標を用いることで、伝染力を通じてわたしたちの目標へのモチベーションは高まります。

第8章

地道に壁を越える

――さまざまな障害物を知る

本書ではここまで、さまざまな目標のタイプとその特性について学んできました。これからは、高いモチベーションで、効果的に目標を目指すことができるようになっているはずです。ただし、それだけでは必ずしも目標への到達が保証されるわけではありません。あなたの行く手には、さまざまな障害物が待ち構えているからです。

わたしたちは、「目標を達成できないのは、何をすべきかを知らないからだ」と考えがちです。しかし、実際にはそうとは限りません。会社の業績が上がらないのは、社員が何をすべきかを理解していないからではありません。単位を落とした学生も、何を勉強すべきかはわかっていたはずです。部屋を散らかしている子どもも、片付けが大切なことくらいは知っています。

つまり、問題のほとんどは、実行そのものにあります。足りないのは「行動」なのです。

その原因は、「忙しすぎて目の前にある行動のチャンスに気づかない」「目標に合わないアプローチを用いている」「目標が他の目標と競合している」「誘惑への対策が足りない」「行動を先延ばしにしてしまう」「自信を失う」「すぐにあきらめてしまう」などさまざまです。

もちろん、問題を知るだけでは十分ではありません。大切なのは、どう対処するかです。この章では、目標達成の道のりでぶつかるさまざまな障害物を見ていきます。問題の対処策は、第9章以降で詳しく説明します。まずは、目標を追い求める過程でわたしたちが直面する障害物と、陥《おちい》りやすい落とし穴について理解していきましょう。

選択肢が多すぎて「行動のチャンス」を逃す

当然ながら、目標達成のためには心構えが大切です。動機付けが低く、真剣に取り組んでいなければ、達成の見込みは低くなります。ところが実際は、強い決意があっても、望む成果が得られるとは限りません。もちろん意志の力は重要であり、成功は強く望まなくては手に入れられませんが、それだけでは不十分なのです。

決意があってもゴールに辿り着けない大きな理由の一つは、行動のタイミングを逃すことです。たとえば、朝、出勤前に二十分ほど時間ができたとします。この時間を使って、家事やエクササイズなどのさまざまな行動を取れます。

しかし、家事をするにしても、食器洗い、風呂掃除、おもちゃの片付けなど、多くのなかから具体的な行動を選ばなくてはなりません。あれこれ考えているうちに時間は過ぎ去り、結局「もう数分しかないから、何もしなくてもいいや」とソファに座り込み、朝の情報番組をぼんやりと眺めて出勤までの時間を過ごしてしまうのです。

一日のなかには、行動の機会がたくさんあります。わたしたちはチャンスに出合うと、自覚しているか否かにかかわらず、何をすべきかを考えます。ところが、選ぶべき行動が多く、迷いが生じるために、せっかくのチャンスを逃してしまうのです。取り組むべき目標と行動は何かを考え、そのときの気分に合わせて最適なものを選ぶのは容易ではありません。

問題はほかにもあります。達成までの過程は、必ずしも楽しいことばかりではありません。つまらないと感じていることは、どれだけ重要だと頭でわかっていても後回しにしたくなります。わたし自身の過去を振り返っても、スポーツクラブに足を運ぶことは簡単ではありませんでした。定期的に運動しなければと頭ではわかっていたのですが、運動そのものが好きではなかったのです。

エクササイズが健康によく、減量にも効果があることはわかっていました。それでもわたしは「今日は忙しくて時間がなかった」というお決まりの言い訳を口にしていました。本当はエクササイズをするチャンスはあったはずなのに、別の行動を選んでいたのです。

朝寝坊する、長めの昼食を取る、遅くまで残業する、友人たちとお酒を楽しむ——エクササイズができたはずの時間に、たいていは無意識のうちに他のことを考え、時すでに遅しという状況になってようやく「スポーツクラブに行けたはずなのに」と一日を振り返っていました。わたしのエネルギーや意識は、重要度は低いけれど楽しい他の目標に向けられていたのです。

嫌だと感じてはいなくても、機会を逃していることもあります。ある活動にエネルギーを注ぎ込みすぎて、その日にしようと思っていた他の行動のための時間が足りなくなることは珍しくありません。指の隙間《すきま》から機会がこぼれ落ちる前に、それを捕まえなくてはなりません。「重要度の低い目標に没頭する」「些細《ささい》なことに気を取られる」「優柔不断で行動に踏み切れない」などの障害物に邪魔される前に、自分の目標をしっかりと意識する必要があるのです。

脳が無意識に「シールド」をつくる

どれだけモチベーションが高くても、誘惑からは身を守らなくてはいけません。うまく達成できるはずの目標も、誘惑物に邪魔をされれば台無しになります。ここで登場するのが「自制心（セルフコントロール）」です。

自制心は、ビルの入口に立つガードマンのように、邪魔者をはねのけます。ただし、筋肉と同じく、つねに元気いっぱいだとは限りません。肝心なときに不足することもあるのです。そのような場合に、脳内で無意識に生じる防衛機能があります。それは誘惑物を遮断するシールドの働きをしてくれます。

シールドは効果的なものですが、問題もあります。それは、防ぐべき対象を誤る場合です。とくに、複数の目標が競合するケースがこれに当てはまります。

「他の目標」が邪魔をする

複数の目標を追い求めると、競合が生じます。たとえば、ある目標のために費やすべき時間に、他の目標のための行動は取れません。わたしの場合、本書の執筆時間を使って子どもたちと時間を過ごせたかもしれませんし、エクササイズもできたでしょう。

ただし、この種の時間的な問題は、乗り越えられない類のものではありません。仕事や育児、健康管理などは、互いに相容れないものではないからです。工夫をすれば、この三つの目標のための時間は捻出《ねんしゅつ》できるはずです。また、性質が似ている目標は、同時に目指しやすくなります。

しかし、性質が矛盾していると、問題が生じます。ある目標を追い求めることが、別の目標の達成を妨げてしまうからです。「贅沢な暮らしをしたい」という目標と「できるだけ質素に暮らしたい」という目標は矛盾しています。「海外旅行を楽しむ」ことと「自宅でくつろぐ」ことを同時には実現できません。減量中は、高カロリーの美味しい料理を毎日のように堪能《たんのう》するわけにはいきません。ダイエットでは、「痩せたい」と「食べたい」という相反する目標が生じるために、多くの人が失敗をするのです。

「食べものを楽しむこと」と「体重を管理すること」という目標は競合します。チョコレートケーキやフライドポテトを目にすることは、「食べる」と「食べるのを我慢する」という二つの矛盾する目標への合図になり得ます。

競合する二つの目標が生じると、脳はどちらか一つを「抑制」することで、一方の目標を守ろうとします。このとき、〝負けた〟ほうの目標は、完全に不活性化されます。

つまり、減量に成功するには、「美味しいものを食べる」という目標を抑制することが必要です。ところが、わたしたちの身のまわりには、美味しい食べものを連想させるものが満ちています。テレビや雑誌には食品の広告が溢れ、レストランのテーブルの脇を、スイーツを載せたカートが通り過ぎていきます。しかもこれらの食べものは、望めば簡単に得られるものばかりです。これらの「引き金」は、「食べものを楽しむ」という目標を活性化し、「体重を減らす」という目標を不活性化（抑制）します。つまり、「食べものを楽しむ」という目標を守るためのシールドが張られるのです。

心理学者のウォルフガング・ストロエべらによる実験も、この抑制の力を実証しています。ダイエット中／非ダイエット中の被験者に、「美味しい」「食欲をそそる」などの食べる楽しみに関連する言葉をサブリミナルな方法で示します。

次に、コンピューターの画面に瞬間的に文字列を表示し、それが意味のある単語（例「PAPER」）か、あるいは出鱈目《でたらめ》な文字列（例「PSPER」）かを判断させます。

その結果、ダイエット中の被験者がダイエットを連想させる単語（「スリム」「ウエイト・ロス（減量）」「ダイエット」など）を認識するのに、非ダイエット中の被験者より長い時間がかかりました。

これは「抑制」の典型的な作用です。「食べる」という目標を守るための防壁《ぼうへき》ができることで、減量に関するあらゆるものが意識から締め出されるのです。

非ダイエット中の被験者には、この作用は表れませんでした。減量という目標を持たず、「食べるべきか、食べないべきか」という葛藤を感じていないために、食べものを連想させる語と、ダイエットを連想させる語の間に対立を見出さなかったと考えられます。

相反する目標の間に生じる葛藤は、モチベーションの維持においてもっとも扱いにくい問題の一つです。とくに、二つのうちの一つをあきらめるだけでは葛藤が解消されない場合は大きな問題になり得ます。有効な対処策は「明確な計画を立てること」です。各目標を最優先で実行する「時と場所」をあらかじめ決めてしまうのです。計画については、次章で詳述します。

「現状を知る」ことを避けてしまう

目標にどれだけ近づいているかがわからなければ、ゴールには到達できません。スピードを上げればよいのか、落とせばよいのか、努力が足りないのか、方法を変えるべきなのか――これらを把握できずに行動するのは、目を閉じたまま飛行機を操縦するようなものです。たまたま目的地に到着することはあるかもしれませんが、そのような偶然はめったに起こりません。

フィードバックがなければ、モチベーションのシステムは作動しないのです。脳は、目的地（目標）と現在地（現状）との差を埋めるという単純な原則に従ってゴールを目指します。目的地と現在地の差を見つけた脳は、そのギャップを埋めるための行動を取ることができます。しかし、現在地がわからなければ、ギャップを埋めるための行動を取るべきかどうかを判断できないのです。

フィードバックは外からもたらされる場合もあります。たとえば、教師や上司からの評価、ウェブサイトのアクセス数などです。ただし、フィードバックは自発的なものでなければ効果が低下します。心理学では、これを「自己監視《セルフモニタリング》」と呼びます。自己監視は困難な目標に取り組むためには不可欠ですが、わたしたちはさまざまな理由によってこれを怠ります。

まず、自己監視には努力が要ります。いったんアクセルを踏み始めると、ブレーキを踏むことが難しくなる場合があるのです。急いで目的地に向かっているとき、道に迷っても人に尋ねるのがためらわれるのと似ています。人に道を聞くことのほうが合理的だと頭ではわかっていても、時間の無駄のように感じられてしまうのです。

行動をそのまま続けたいという衝動を抑えて立ち止まるのは、かなりの意志を要します。わたしたちには、一度走り始めたら、たとえ方向が誤っていたとしても、そのまま走り続けるほうが楽だと感じる傾向があるのです。

自己監視をおろそかにしてしまうもう一つの理由は、ネガティブなフィードバックに直面しなければならない点です。進捗が芳しくないとき、現実を直視するのはつらいものです。しかし、ゴールに辿り着くためには、ネガティブなフィードバックから目を背けてはいけません。アプローチそのものを変えなければならない場合もあります。進捗を把握できなければ、その判断はできません。

わたしの場合も、体重計にのるたびに不安な気持ちになります。以前は、できるだけ体重計にのらないようにしていました。「ここのところ食べすぎている」と感じているときなどはとくにそうでした。体重計にのったからといって体重が増えるわけではありませんが、体重がわからなければ少なくとも自分をごまかせるからです。

体重管理における自己監視の重要性を理解するのにずいぶんと苦労したものの、いまでは毎日、体重計にのるようにしています。少しでも体重が増えたら、服のサイズを変えることになる前に、食生活を見直したり、エクササイズをしなければならないと理解できます。

これは、「ウエイト・ウォッチャー」(毎週体重を測定し、一週間の食事内容を記録すること)と呼ばれる優れた体重管理法です。時間はかかりますが、目標に向けてどの程度うまく行動できているかをつねに意識できるようになります。ウエイト・ウォッチャーなどのプログラムは、自己監視が持つ大きな力をわたしたちに教えてくれます。

「効果の低い努力」を繰り返してしまう

わたしたちが目標達成の過程で犯すさまざまな過《あやま》ちは、二つのカテゴリーに大別できます。

一つ目は、何をするかわかっていながら、行動が不足していることです。心理学では、これを「制御不足」と呼びます。この章で見てきた過ちのうち、機会を逃すこと、自己監視をしないことなども制御不足に当てはまります。自制心が足りず、誘惑や衝動を抑え切れないことも制御不足です。第9章以降で紹介するアプローチの多くは、この制御不足への対処に注目するものです。目標達成において、制御不足はもっとも一般的な問題です。

二番目のカテゴリーは、心理学で「誤制御」と呼ばれるもので、その名が示す通り、これは効果の低いアプローチを選んでしまうことです。

誤った方法を用いていたら、いくら一生懸命に努力をしても目標は達成できません。慎重さや正確性が求められるときに、急ぐことばかりを考えて行動しているのかもしれません。食べもののことを頭に浮かべまいとして、逆に食べもののことばかりを考えてしまっているのかもしれません。普段はとくに意識せずにできる慣れた動作を、必要以上に考えすぎたり、プレッシャーを感じてうまくできなくなっているのかもしれません。

誤制御について的確なアドバイスをすることは簡単ではありません。ある目標ではうまく機能するアプローチも、別の目標ではほとんど効果がない場合もあるからです。つまり、あらゆる目標に当てはまる、万能型のアプローチはありません。

最善のアドバイスは、「自己監視をしっかり行うこと」です。

誤ったアプローチを続けることで手遅れになる前に新しいアプローチが必要かどうかを判断するための最善の方法は、自分のパフォーマンスを把握することなのです。失敗の原因を、誤って理解していることは少なくありません。ぜひ、この章の内容をもとに、あなたのこれまでの失敗の原因が何であったのかを考えてみてください。

能力が足りないと思っていたことが、じつは方法が合っていなかっただけかもしれません。時間が足りないと思っていたことが、行動の機会を逃していただけだったかもしれません。モチベーションを維持し、正しい方向を目指すために必要なフィードバックが不足し、やみくもに進んでいただけなのかもしれません。

さまざまな障害物を理解したところで、次章以降はこれらへの具体的な対処策を見ていくことにします。

第８章のポイント

1. 問題は「行動」にある
わたしたちはたいてい、何をすべきかは理解しています。問題は、それを思うように実行できないことです。行動に注目することが、成功への鍵です。

2. 機会を逃さない
現代人は多忙であり、多くの目標を追い求めています。行動のチャンスに気づかず、見逃してしまいがちなのも無理はありません。機会を逃さないことがとても大切です。

3. 何をするかを明確にしておく
「行動の機会を見つけたら具体的に何をするのか」を明確にしておかなければなりません。何をすべきか迷っていたら、せっかくの機会を無駄にしてしまいます。

4. シールドを立てる
障害物をシャットアウトしてくれる“防壁”は重要です。誘惑物や気を散らすもの、競合する目標などによって、注意力やエネルギーを奪われ、モチベーションも低下してしまいます。

5. 進捗状況を把握する
慎重に自分を監視することも必要です。進捗状況がわからなければ、それに合わせた行動やアプローチの調整ができません。頻繁に進捗状況を確認しましょう。

第9章

シンプルな計画をつくる

——意志力にエネルギーを使わせない

準備を怠ることは、失敗するための準備をするようなものだ。

——ベンジャミン・フランクリン

一般的に、計画は便利なものだと考えられています。グーグルで計画についての名言を検索すれば、政治家や作家、実業家、合衆国建国の父まで、さまざまな人びとが計画の素晴らしさをほめ称《たた》えた言葉がいくつもヒットします。

モチベーションに関する最新科学も、これらの名言の正しさをはっきりと裏づけています。前もって簡単な計画を立てておくことほど、目標達成の道のりで直面するさまざまな障害物を乗り越えるのに効果的な方法はありません。

もし、本書の内容のなかから、目標達成のためのアドバイスを一つだけ選べと言われれば、わたしは「いい計画をつくること」と答えます。

ただし、すべての計画が役立つわけではありません。その結果、計画は、よくユーモアの対象にもなります。グーグルで〝計画〟を検索すると、ウディ・アレンの「神様を笑わせたかったら、君の計画を話せばいい」や、ジョン・レノンの有名なセリフ「人生とは、他の計画を立てていて忙しいときに、あなたに起こる出来事のことである」などもヒットします。

うまくいかない計画には、その理由があります。たとえば「痩せる」という目標に対して、次のような〝計画〟を立てる人がいます。

ステップ1、食べる量を減らす。

ステップ2、運動する量を増やす。

一応、計画らしくは見えます。でも、これはひどい計画です。このような計画は、きわめて効果が薄いことがわかっています。これは、ごく大まかな行動を書き出したに過ぎません。肝心な部分が、すっぽりと抜け落ちているからです。食べる量をどれだけ減らすのか、何を食べないかがまったくわかりません。運動をする時間も、場所も、方法も指定されていません。

目標と同じく、計画も〝つくり方〟がとても重要です。効果的な計画とは「何を」

「いつ」「どこで」「どのように」実行するかを具体的に示すものです。

この章では、そのようなシンプルな計画のつくり方を見ていきます。

また、効果的に作成された計画が、驚くほどのパワーを持つことを示すいくつかの研究も紹介します。

「シンプルな計画」が桁外れの効果をあげる

一九九七年、ワシントンＤＣで開催された科学的心理学会の年次総会で、モチベーションをテーマにしたシンポジウムが催されました。観客席で聴講していた大学院二年生のわたしにとって、演壇の研究者たちはまるでロックスターのような存在でした。

そのなかに、ドイツ、コンスタンツ大学の著名な社会心理学者、ペーター・ゴルヴィツァーがいました。当時、大学院での研究テーマを決めかねていたわたしにとって、その日のシンポジウムでのペーターの講演はその後の人生を大きく変えるものになりました。

ゴルヴィツァーの講演の内容は、ある実験についてのものでした。クリスマス休暇の直前、学期末試験に向かう学生を呼び止め、調査への協力を依頼します。調査のテーマは、「現代人の休暇の過ごし方」です。

参加を承諾した学生には、クリスマス休暇をどう過ごしたかについての詳しいエッセイを、帰省先で書くよう依頼します。投函期限は、クリスマス当日から四十八時間以内です。

半分の学生のみに、もう一つ指示を出しました。エッセイを書く予定の時間と場所を具体的に決めてもらったのです。学生はその場で時間と場所を紙に書き、ゴルヴィツァーらに渡してから、試験会場に向かいました。

クリスマスから数日後、ゴルヴィツァーらのもとにエッセイが届き始めました。エッセイを書く場所と時間を決めなかった学生、つまり、計画を作成しなかった学生で実際にエッセイを送ってきたのは、わずか三二％でした。一方、書く時間と場所を決めるという、ごくシンプルな計画を作成した学生は七一％もエッセイを送付してきました。計画をつくらなかった学生たちの二倍以上の数値です。わたしは腰が抜けるほど驚きました。簡単な計画をつくるという単純な介入によって、被験者の目標達成率が二倍になったのです。

人間の行動はじつに複雑であり、簡単に理解できるものではありません。通常、社会心理学者は実験での介入によって、ごくわずかでも被験者の行動に変化がもたらされると、とても嬉しく感じるほどです。

ゴルヴィツァーが用いた「計画」という介入がもたらした効果は、わたしがそれまでに見てきた他のどの研究と比べてもきわめて大きなものでした。しかも、その介入はとても簡単で、誰でも使えるようなものなのです。この瞬間、わたしは目標達成と動機付けについての研究を生涯のテーマにしようと決意しました。

高校生に勉強をさせる簡単な方法

ゴルヴィツァーが実験で用いた計画の美しい点は、シンプルさです。まず目標を決め、次に、具体的に「いつ」「どこで」「どのように」その達成のために行動するかをはっきりと決めるのです。

先ほどの「ひどい減量計画」を例に取れば、ステップ1の「食べる量を減らす」は「食事量を一日一五〇〇カロリー以下に抑える」に、ステップ2の「運動する量を増やす」は「毎週、月、水、金曜日に、出勤前にスポーツクラブで一時間運動をする」に変えることができます。

ゴルヴィツァーはこのような計画をつくることを、「実行意図の形成」という専門用語で表現しています。わかりやすく考えれば、これは「もし〜であれば、〜をする」という、「ｉｆ－ｔｈｅｎ」式の計画だと言えます。これを「条件型計画」と呼びます。

たとえば、「一日のうちに一五〇〇カロリー摂取したら、それ以降は食べものを口にしない」「月曜の朝は、仕事前にスポーツクラブに行く」という具合です。

「クリスマスのエッセイ」の講演を聴いてから数年後、わたしはポスドクの研究員として、ニューヨーク大学でゴルヴィツァーと一緒に、「実行意図」の真の効果を試す実験を行いました。被験者に選んだのは、夏季休暇中の高校一年生。世の中でもっとも自制心が足りない部類の人たちです。

生徒たちは、秋に控えるPSAT（アメリカの大学進学適性試験SATの予備試験）の準備のために、春先から長期的な勉強をするという目標を持っています。わたしたちは、五月に生徒に十回分のPSATの模擬テストを綴じた冊子を渡して、九月に学校が再開したら回収すると伝えました。

生徒の半分には、休みの間にその冊子を使って勉強する時間と場所を決めるように指示しました（「平日の朝食後に、自分の部屋で」など）。休暇中、生徒には一切連絡を入れませんでした。生徒には彼らがつくった学習計画も渡していません。

九月、生徒から冊子を回収しました。「いつ、どこで」というシンプルな計画を立てなかった生徒は平均で百問しか演習問題を解いていなかったのに対し、計画を立てた生徒は二百五十問を解いていました。

今回は、クリスマスのエッセイのときのような短期間ではなく、ひと夏をかけた長期的な実験です。そこでも、シンプルな計画は目標達成に二倍以上の差をもたらしました。生徒に対して行った介入はきわめて短時間のものです（冊子を渡し、秋に回収することを伝え、半分の学生にその場で計画を書いてもらう）。それだけで、これほどの効果が見られたのです。

目標の内容や、行動する人が置かれている状況にかかわらず、必要な行動を「いつ」「どこで」「どのように」実行するのかを計画することは効果的です。シンプルな計画は、成功の確率を上げるためにできる、もっとも効果的な方法だと言えます。しかし、シンプルな計画が、なぜこれほどまでに効果的なのでしょうか。

脳内で「条件」と「行動」を直結させる

前章で見たように、わたしたちが目標達成の過程でもっとも頻繁に遭遇する問題は、行動の機会を逃してしまうことです。この問題が生じる理由としては、他の目標のための行動をしていたり、他のことを考えているために目標そのものを忘れてしまったり、行動する機会が訪れてもそれに気づけないことなどが挙げられます。

達成のための行動が、難しかったり、楽しくないものだったりすることが原因である場合もあります。これらのさまざまな理由によって、行動の機会は、わたしたちの指の隙間から絶えずこぼれ落ちていきます。逆に言えば、成功の鍵は、機会を逃さない方法を学ぶことに他なりません。それを実現するものが、条件型計画なのです。目標達成行動を、いつ、どこで実行するかを決めると、脳内で驚くべき作用が生じます。計画をつくるという行為によって、状況や手がかり（ｉｆ）と、それに続く行動（ｔｈｅｎ）が脳のなかで強く結びつくのです。

たとえば母親から、こまめに連絡をしてほしいと言われているとします。週に一度電話をするという目標を立てますが、「電話をしたい」と心のどこかで思っているにもかかわらず、受話器を手にするのを忘れてしまう日々が続きます。母はますます不機嫌になっています。

　そこで、条件型計画をつくります。「日曜日に夕食を終えたら、母に電話する」という計画です。このとき、頭のなかで、「日曜日の夕食後」という状況が、「母に電話する」という行動と直接的に結びつきます。

　すると、脳内でこれらの状況や手がかり（日曜日の夕食後）が高度に活性化されます。小学校のクラスには、授業で「バーモント州の州都は？」などと先生が質問すると、必ずひとりくらい、「はいっ、はいっ！」と大きな声をあげ、激しく手を振る元気のいい生徒がいるものです。計画を立てることで「日曜日の夕食後」という状況や合図は、ちょうどこの元気な生徒と同じように、先生であるあなたの気を引こうとするようになるのです。

その結果、あなたが意識することなく、脳は周囲を見回して、「ｉｆ」の部分を見つけようとするようになります。その結果、他のことに気を取られていても、これらの状況や合図を簡単に検知できるようになるのです。

さらには、計画と行動の結びつきが起こります。「ｉｆ」の条件が生じると、次に取るべき行動が、はっきりと自覚することなく、自動的に生じるのです。つまり、脳は次に何をすべきかをすでにわかっています。計画によってすでに何をするかは明確だからです。脳はどのような行動を取るかについて迷うことなく、ただ計画を実行できます。

「日曜日に夕食を終えたら、母に電話する」という指令をすでに脳に出しているので、食器を片付けたあなたは、無意識のうちに受話器を手に取り電話をかけます。

なお、この行動は、意識的に行われる場合もあります。はっきりと、計画に従っていると自覚して行動することもあるのです。重要なのは、意識していてもしていなくても、「計画」によって行動が生じるという点です。他のことを考えていても、実行しやすくなるという大きなメリットがあります。

「意志の力」を使わずに行動を起こす

無意識的な行動というと、癖や習慣（爪を噛む、シャワーを浴びるときに鼻歌を口ずさむ）や、何百時間もかけて培った技能（ピアニストの華麗な指使いや、プロのビリヤード選手の巧みなショットなど）が思い浮かびます。

ゴルヴィツァーは、条件型計画は〝即席の習慣〟をつくるものだと述べています。つまり計画を立てることは、習慣を意図的に身につけることを意味します。そして、ときとして目標の妨げになってしまう癖や習慣とは異なり、この即席の習慣は、目標達成に役立つものなのです。

条件型計画の長所は他にもあります。わたしたちにとってもっとも貴重な動機付けの源である、自制心の浪費を防いでくれるのです。無意識に行動が取れるので、意志の力はあまり使わなくてすみます。条件型計画は、自制心を節約してくれるのです。

条件型計画を持つ人のほうが、想定外の問題に直面した際、粘り強く目標達成に取り組もうとすることもわかっています。困難な状況でも、行動が生じるまで何度も繰り返し試行しようとする傾向もあります。また、余力を残しておくことで、障壁を乗り越えるために自制心を使うこともできます。

条件型計画は機会を捉えるのに役立つだけではありません。望ましくない行動（たとえば「誘惑に負ける」）の抑制や、目標達成に悪影響を及ぼす思考や感情への対処にも効果があります。

ある実験では、条件型計画が過度の食欲を抑える効果があるかどうかを調べました。ダイエット中の女性を被験者にし、高カロリーのスナック菓子の摂取量を一週間で半分に減らすことを目標にしてほしいと依頼します。被験者の半分には、計画を作成してもらいました――「スナック菓子が頭に浮かんでも、わたしはそれを口にしない」。被験者はそのセリフを三度繰り返して言いました。

一週間後、計画を立てなかった被験者はスナックの摂取量が四袋から三袋に減りましたが、目標だった半分には減らせませんでした。計画を立てた被験者は、四袋から二袋、つまり半分に減らすことに成功しました。単に目標を達成しただけでなく、計画を立てなかった被験者に比べて平均で二倍よい結果を出しました。

別の研究では、本格的なテニス選手を被験者にし、次の試合で、プレー中に不安や緊張を感じた場合にどう対処するかについての計画を作成してもらいました（「不安を感じたら、気を落ち着かせて、これは試合ではなく単なる練習だと考える」「緊張していると思ったら、深呼吸をする」など）。計画をつくった選手は、つくらなかった選手に比べ、次の試合ではるかに高いパフォーマンスを見せました（コーチやチームメートの評価による)。

行動の機会を捉えたり障害物を取り除くために、条件型計画ほどシンプルかつ効果的なアプローチはありません。

わたしは、条件型計画の作成方法と作成すべき理由を書いた小冊子をつくり、ダイエットやモチベーション、自己啓発をテーマにした書籍やＤＶＤすべてに付録としてつけたいと考えることがあります。世の中の医師や教師、政治家全員に配りたいと思うくらいです。ダイエットでも自分の成長でも、達成したいことの難易度を問わず、シンプルな計画を立てて取り組むことで、成功の可能性は飛躍的に高まるのです。

第9章のポイント

1. 計画をつくる
目標達成の過程で直面する問題の多くは、シンプルな条件型計画によって解決できます。条件型計画は、「行動機会を逃さない」「障害物を避ける」「不安や自信喪失に対処する」「問題に直面しても粘り強く努力する」など、さまざまな効果をもたらします。

2.「何」をするかを決める
まずは、具体的な行動を決めます。「食事量を減らす」「勉強量を増やす」などの曖昧なものではなく、明確な行動を設定します。「平日の夜、四時間以上勉強する」と決めれば、何をすべきか、その行動を実際に行ったかどうかがはっきりとわかります。

3.「時間」と「場所」を決める
次に、その行動を「いつ」「どこで」実行するかを決めます。これも、できるだけ具体的なものにします。時間と場所をはっきりと決めることにより、他のことに気を取られていても、無意識に状況を察知して、自動的に行動を開始できる確率が高まります。

4. 条件型計画を作成する
「何」「時間」「場所」を、「〜のときは、〜をする」や「もし〜であれば、〜をする」といった条件型計画として、文章にまとめます。たとえば「平日の夜は、自室で四時間以上勉強する」というかたちです。このプランは紙やノートに書き出し、できれば何回か繰り返し音読して、脳によく覚え込ませるようにします（二、三回でも十分な効果があります）。

5. 障害物を明らかにする
目標達成の過程で生じ得る障害物や気を散らす対象が何かを明らかにします。そして、それらに対処するために、条件型計画を作成します（「平日、友達から遊びに行こうと誘われたら、『申し訳ないけど勉強で忙しいので、週末にしよう』と返事をする」など）。これによって、問題が生じた場合に、前もって決めておいた最善の策を取りやすくなります。

第10章
自制心を日増しに伸ばす
——自分をコントロールする力

二〇〇三年は、わたしにとってよい年ではありませんでした。三十代に突入し、最初の夫と離婚。さらに、博士課程修了者に与えられる援助金が底をつく前に職を見つけなければならないという、絶えざる不安のなかで生活していました。

結婚生活の破綻《はたん》とキャリアへの不安にうまく対処できなかったわたしは、好きなだけ食べ、まったく運動せず、ぶくぶくと太っていきました。毎晩のように友達と飲みに出かけては深酒し、昼過ぎまで寝ていました。部屋は散らかり放題。研究にも身が入りませんでした。金遣いも荒くなりました。服を買ったり、おしゃれなレストランでディナーを楽しんでいると、つかの間、嫌なことを忘れられたからです。貯金はあっという間に底をつきました。それは、人生最悪の日々でした。

堕ちるところまで堕ちた後、わたしはゆっくりと這い上がり始めました。意外にも、わたしが変わり始めたのは、生後十週間のミニチュア・シュナウザーを飼い始めたことがきっかけでした。

犬について少し詳しい人なら、この小型犬がとても手のかかる厄介者だということをご存じのはずです。ルーシーと名付けたその子犬の世話は、じつに大変でした。毎日の散歩、トイレ、ブラッシング、食事、遊び。目を離すと次々にモノを壊してしまうので、おちおち寝てもいられません。元気がいいので、日に何度もニューヨークのアパートから散歩に連れ出さなければなりませんでした。散歩は朝の五時に始まります。昼どきまで寝ていたようなそれまでの暮らしは、大きく変わりました。

忍耐の経験がすべてを好転させる

端的に言えば、ルーシーの面倒を見ることによって、わたしは自制心を鍛えることになったのです。子犬の世話は、努力と計画と（相当の）忍耐力が必要でした。それまでの人生で、自分以外の何かに完全な責任を持つことを経験したことがなかったわたしにとって、最初の数週間はとにかく大変でした。

しかし時間が経つに連れて、次第に楽になっていきました。新しい日課に慣れ、五時起きもそれほどつらいと思わなくなりました。そして、意外なことが起こり始めました。ルーシーの世話に慣れていくと同時に、わたしの人生もうまく回り始めるようになったのです。あまり外食をしなくなり、健康にいいものを自炊するようになりました。スポーツクラブ通いも再開しました。家のなかも片付き、モノを散らかさなくなりました。

洗濯物を溜めることもなくなり、預金通帳の額も少しずつ増えていきました。クーポン券を集め、セール品を買うようになりました。研究でも調子を取り戻しました。論文を多く執筆するようになり、新たなアイデアが浮かび、会議で発表するようにもなりました。面接を受け、リーハイ大学から教授職のオファーを得ました。二十一歳の誕生日の直後には、将来の夫となる人とも出会いました。

本書の冒頭では、自制心が筋肉に似ていると述べました。筋肉と同じく、自制心は鍛えなければ衰えていきます。三十路を迎え、最初の結婚に失敗したあのつらい日々のなかで、わたしは自制心を一切使わない暮らしをしていました。わたしの〝自己管理筋〟は、すっかり衰えていたのです。

子犬の世話を始めたとき、一年振りにスポーツクラブに通い始めた人のように、わたしの自制心はひどい筋肉痛や息切れを起こしました。しかし、新たな日課を繰り返し行うことで、次第にそれは鍛えられていったのです。わたしは身につけた筋力で、人生の他の問題に取り組み、生活を立て直すことができました。

もちろん、自制心は犬を飼わなくても鍛えられます。この章では、心理学で実証された「自制心の鍛え方」をいくつか紹介します。自制心は、二頭筋や三頭筋と同じく使えば疲労します。使った直後は弱まっているため、誘惑に負けやすくなるなどの危険な状態に陥《おちい》ります。自制心を効果的に回復させる方法を学ぶことも重要です。回復を待つ余裕のないときに問題に対処するための方法も見ていきましょう。

日常のなかで「自制心」を鍛える

自制心は、目標達成においてきわめて重要です。学校の成績、出席率、共通テストの結果などを予測する指標として、知能検査の王様とも呼ばれるＩＱテストより優れていることを示す研究結果もあるほどです。

わたしたちは、日常生活のさまざまな局面で自制心を用いています。それは、衝動的な行動を控えたり、何かを我慢したりするようなことだけではありません。人に好印象を与えようとしたり、決断を下すときにも自制心は必要なのです（何時間もかけてショッピングをした後、どっと疲れを感じたりするのもそのためです）。幸い、わたしたちの潜在的な自制心はとても大きなものであり、さまざまな方法で鍛えられます。

心理学者のマーク・ミュラヴェンは、被験者の男女に二週間、「甘いものを控える」と「ハンドグリップを握る」のどちらかを行わせるという実験を実施しました。甘いものを控えるグループには、お菓子やデザート類をできるだけ食べないよう伝えました。ハンドグリップのグループには、自宅で一日二回、ハンドグリップを限界の回数まで握るよう伝えました。誘惑に耐える（甘いものを我慢する）、身体的苦痛に耐える（ハンドグリップを限界まで握る）のどちらの課題も自制心が求められます。そのため、それらは自制心を鍛える方法だと言えます。

二週間の鍛錬の日々が終了したところで、被験者にコンピューターを用いた集中力を要する課題を行わせたところ、大きな改善があったことがわかりました。つらい課題に耐えたことで、わずか数週間のうちに自制心全般が強化されたのです。

他にも、スポーツクラブの会員カードを与え、トレーナーが各人向けに作成したエクササイズプログラム（有酸素運動や筋力トレーニングなど）を実践させた実験もあります。二か月間定期的にエクササイズを行ったところ、男女共に、その後の課題で自制心の向上が見られました。さらに、生活面でも、自制心を必要とするさまざまな場面で改善があったことが報告されました。

「煙草の本数やお酒の量が減った」「ジャンクフードに手を出さなくなった」「怒りをうまくコントロールできるようになった」「衝動買いが減った」「お皿を流しに置きっぱなしにしなくなった」「約束の時間に遅れなくなった」「勉強の習慣が身についた」などです。エクササイズによって鍛えられるのは筋肉だけではないのです。

本書の冒頭でも紹介したように、自制心の鍛錬をテーマにした研究ではさまざまな手法が取られています。「口汚い言葉を慎《つつし》む」「利き手とは逆の手でドアを開けたり歯を磨いたりする」などの他、「姿勢を正す」というような些細《ささい》な行動でも、自制心の訓練になり得ます。

これらのさまざまな手法に共通しているのは、普段なら誘惑に負けたり、あきらめたり、気を逸らされたりしてしまう場面でも、意志の力でそれを克服することに挑む点です。自分の生活や目標に合った行動（衝動や欲求を何度も抑える必要があるもの）を選び、計画を立て、その行動を日常生活の一部に組み込むことで、自制心は鍛えられます。

普段、自制心をあまり使っていない人は、最初は大変かもしれません。しかし、努力して継続すれば自制心が鍛えられ、その行動を取るのが楽になっていくはずです。それは、生活のあらゆる面によい影響をもたらしてくれます。

消耗した自制心を回復させる

どれだけ逞《たくま》しい身体をした人の筋肉でも、疲労はします。アーノルド・シュワルツェネッガーのような筋骨隆々の人でも同じです。どれほど鍛えていても、筋肉には休養が必要です。ウエイトトレーニングのプログラムにも、休養が必ず組み込まれています。

自制心も同じです。どれだけ自制心を鍛えても、エネルギーを使い切った後は、回復させなくてはいけません。

消耗しているときは、できるだけ自制心の要る行動を取らず、休ませておくのが理想的です。しかし、現実にはそうはいかない場合もあります。自制心がいつ必要になるのかはわからないからです。

自制心の回復を早めたり、回復させる余裕がない場合に使える方法があります。一つは、前にも紹介した「伝染力」の活用です。目標達成を目指す他者を思い浮かべることでその行動への意欲を高められるのと同じように、自制心が優れていると思われる友人や知人を思い浮かべることで、その自制心に伝染できるのです。

ある研究では、自制心が高いと思われる友人について考えるように言われた被験者は、自制心が低いと思われる友人について考えるように言われた被験者よりも長い時間ハンドグリップを握り続けました。

自制心をよく鍛えている人を観察するだけで自制心が高まることを示す研究結果もあります。自制心が必要なときは、誘惑に負けない、意志の強い知り合いを思い浮かべてみましょう。自制心の優れた人と積極的に付きあうようにすることも効果的です。

「見ているだけ」で疲れるメカニズム

ただし、この方法を用いるときには注意が必要です。場合によっては、逆効果になるからです。何かに夢中になっているとき、人から「あなたを見ているだけで疲れてしまった」と言われたことはないでしょうか。

この現象には、科学的な裏付けがあります。誰かが自制心を多く使っているのを見ると、実際にあなたの自制心が消耗することもあり得るのです。衝動を抑えている人を単に〝観察〟するとき、それはいい形で伝染します。しかし、その人の思考や感情を自分も体験しているように想像したり、自分もつらい行動を取っていると具体的に思い浮かべたりすると、それだけで白制心を消耗してしまうことがあるのです。

これをよく説明する研究があります。被験者に、あるウェイターの文章を読ませます。ウェイターはお腹を空かせて職場に到着し、そのまま仕事を始めますが、仕事中は食べることができません。つまみ食いが見つかれば、クビになりかねません。その文章には、客に出す美味しそうな料理や、ウェイターが料理に手を出したいのを必死にこらえている様子が仔細《しさい》に描かれています。

被験者の半分には、この話を〝ただ読む〟ようにと指示し、残りの半分には、ウェイターになったつもりで、彼の気持ちや感情を〝想像する〟よう指示しました。

その後、被験者全員に自制心に関するテストを実施しました。被験者に中・高価格帯の製品（自動車やデザイナーズウォッチなど）が十二個書かれたリストを渡し、各製品にいくらなら払うかを答えさせます。十二個の製品の金額を平均してみると、ウェイターの身になって考えた被験者のほうが、平均して六千ドル以上多く払ってもいいと考えたことがわかりました（一般的に、自制心が低いほど高い金額を支払う傾向があります）。

もちろん、共感は価値のある、わたしたちにとって不可欠の感情です。他者の立場で物事を考えることは、多くのメリットをもたらしてくれます。しかし、自制心に限って言えば、それを大きく消耗させてしまう場合があるのです。

この研究結果から得られるヒントは、困難な目標達成を目指していて、少しでも自制心を無駄にしたくない場合には、他者への必要以上の共感をして自分も消耗してしまわないよう、心理的な距離を置くべき場合もあるということです。

「いい気分」になると自制心が強くなる

他には、自分が元気になる何かを用いる方法があります。ただし、お酒は気分を高揚させてはくれますが、自制心を高めてはくれません。効果的なのは、たとえばプレゼントです。

こんな実験があります。まず、被験者に自制心を使い果たすような課題を行わせ、半分の被験者のみに、お礼としてリボンの付いたお菓子を渡します。その後、被験者は再び課題に取り組みます。まずい飲み物をできるだけたくさん飲むというものです（悪趣味な社会心理学者は、この実験でも酢入りのクールエイドを用いています）。その結果、気分を高めてくれる贈り物を受け取った被験者は、贈り物をもらわなかった対照群の被験者の二倍の量のクールエイドを飲みました。贈り物を受け取って気分がよくなったことで、自制心が急速に回復したと言えます。

同じような結果は、コメディ映画を観た場合にも得られました。自分がもっとも大切にしている価値観は何か、そしてそれはなぜ自分にとって大切なのかを考えたり書き出したりすることも効果があります。気分がよくなるものであれば、さまざまなものが自制心の回復に役立ちます。

少しばかり意外な方法もあります。最近の研究で、自制心が体内の血糖量に影響されることがわかっています。意志の力は血液内の糖分量によって変わることがあるのです。自制心を消耗する行動を取った後、血糖値が有意なレベルで減少することを多くの実験が示しています。「思考を抑制する」「注意力を保つ」「人を助ける」「死について考える」「他者に対する偏《かたよ》った反応を抑える」などの行動です。難しいことをするときよりも、自制心を多く必要とするときに、糖分は多く消費されるのです。

食べものや飲みものからブドウ糖を摂取すると、自制心は（少なくとも一時的に）高まります。摂取したブドウ糖は、一分間に平均で約三〇カロリーが血液に吸収され、およそ十分後に脳内でエネルギー源として利用されます。

この方法は効き目が表れるまでには少し時間がかかりますが、糖分は伝染力や気分をよくさせるものを使う方法と同等の効果があることがわかっています。ある実験では、砂糖の入ったレモネード味のクールエイドを飲むと、前の課題で自制心を消耗した人が、正確さと粘り強さが求められる課題で、自制心をまったく消耗していない人と同等の結果を出しました。

また、頭を使う難しい試験を受けた直後、砂糖の入った飲みものを摂取した被験者のほうが、人工甘味料の入った飲みものを摂取した被験者に比べ、思いやりの気持ちが強くなり、クラスメートに手を貸すことが多かったという実験結果もあります（他者への思いやりは人にとって自然な感情だと思いたいものですが、実際には利己的な衝動を抑えるために多くの自制心を必要とします）。

自制心を高めたいとき、ブドウ糖を摂ることは効果的な方法です。ただし、通常の食事からタンパク質と糖質を摂るほうが、長い時間、血糖値を維持できます。砂糖を使った食べものや飲みものは短時間のうちに自制心を高めてはくれますが、その分、すぐに消費されてしまいます。砂糖を摂りすぎると、体重が増えたり、生活習慣病にかかりやすくなることがあるのもお忘れなく。

少ない自制心でも動ける四つの方法

長く、忙しい一日を終えたとき、エネルギーが完全に力尽きてしまうことがあります。そんなときはこれまでに紹介した対処策では、目の前の誘惑に勝てないかもしれません。ダイエットのルールを破ってしまったり、飲みすぎたり、煙草に火をつけてしまうのが朝ではなく夜に多いのはこのためです。

リハビリ中の依存症患者は、アルコールや薬物に手を出してしまう危険な状況を忘れないようにするために、「ＨＡＬＴ」という略語を用います。Ｈは空腹

(Ｈｕｎｇｒｙ)、Ａは怒り(Ａｎｇｅｒ)、Ｌは孤独(Ｌｏｎｅｌｙ)、Ｔは疲労(Ｔｉｒｅｄ)を表します。これらの状況ではもっとも自制心が低下しやすくなるため、なんらかの手段を講じることが大切です。

自制心が消耗しているとき、それをできるだけ使わずに問題に対処する、いくつかの方法があります。一番目は、いったん動き始めた物体はそのまま動き続けようとするという、物理学の法則に似た原則を利用するものです。人間の行動にも、この「慣性の法則」は当てはまります。いったん始めた行動をやめるには、自制心が必要になるのです。継続時間が長くなるほど、行動はやめにくくなります。たとえば、ポテトチップスを一口食べて残りを我慢するより、まったく手をつけないほうが我慢しやすいはずです。〝始める前にやめる〟――つまり、初めから手を出さないことが、自制心を節約するための一つの効果的な方法です。

二番目は、「なぜ」という理由を考えること(長期的な目標、価値、理想への着目)と、自己監視をすること(目標と実際の進捗との比較)です。これらも、衝動に打ち勝つ優れた方法です。わたしも、冷蔵庫のなかのパイの誘惑に負けそうになるときには、スリムジーンズを着こなすという目標を強く思い浮かべます。食事を始める前に体重計にのるのも食べすぎないための効果的な方法です。

三番目は、自制心が多く求められる目標を同時に二つ以上、追い求めようとしないことです。誰であれ、自制心には限界があります。一度に多くの負荷をかけると、問題が生じやすくなります。たとえば、禁煙中の人が、禁煙によってしばしば見られる体重増加を防ごうとして同時にダイエットにも取り組み始めると、禁煙とダイエットの両方に失敗してしまう確率が、それぞれを個別に行うときよりも高まることを示す研究結果があります。

四番目は、証明型の思考や目標設定の活用です。適切な報酬を設定することで、動機付けが高まり、枯渇した自制心を補える場合があります。金銭的な報酬を活用するのも効果的です。お金以外にも、取り組んでいる行動から何かを学べると実感できることや、自分の行動が他人の役に立っていると知らされることなども、大きな効果があるとわかっています。

自信家ほど誘惑に負ける

この章では、自制心の〝筋肉〟を鍛え、疲れたときには早く回復させ、回復させる時間がないときは問題を回避する方法を学んできました。

わたしは、皆さんがそれをできると確信していますし、皆さんにも強く自信を持ってほしいと思っています。しかし、その確信が過信に変わると、罠に陥りやすくなります。気をつけているときには簡単に防げる問題にも、失敗しやすくなってしまうのです。

最近の研究では、わたしたちには自分は衝動を抑えられると過信する傾向があることがわかっています。実際よりも、自制心が強いと思っているのです。誘惑には負けないと考えていると、誘惑を遠ざけようとする意識が低下し、結果的に危険な状況に身を置きやすくなります。とくに、疲労や空腹、禁断症状などを感じていないときは、それらを感じているときにどれほどつらく、誘惑への抵抗力が弱まってしまうかを想像しにくくなります。その結果、不用意に危険な道に足を踏み入れてしまうようになるのです。

禁煙開始から三週間が経過した人びとを対象にしたこんな実験があります。すでに禁断症状の一番つらい時期を無事通過したこれらの被験者に、「今後、煙草を吸いたい衝動にかられたときに、それを我慢できる自信がどの程度あるか」を尋ねます。また、「喫煙の誘惑にかられそうになる状況を積極的に避けているかどうか（酒場には行かない、喫煙者の知人とはできるだけ同席しない）」についても尋ねました。

その結果、「衝動に勝つ自信がある」と答えた被験者ほど、煙草の誘惑にかられそうな状況を避けるための手段を講じていないことが明らかになりました。数か月後の禁煙の継続状況を調べたところ、煙草の誘惑に負けない自信が強く、煙草が吸いたくなる状況を避けようとしていなかった人ほど、禁煙の継続に失敗していました。

結論はこうです。

目標達成のためには、自制心を鍛えると同時に、自制心にはどんな人であれ限界があることを自覚すべきです。失敗しやすいシチュエーションを理解し、その状況に陥ったときの対処策を計画しておくことが、日々直面するさまざまな問題をうまく処理しつつ、効果的に目標を達成する鍵になります。

第10章のポイント

1. 自制心を定期的に鍛える

自制心は筋肉のようなものです。定期的に鍛えることで、ぐんぐんと強くなり、目標達成の力強い味方になってくれます。

2. 負荷をかける

自制心を鍛えるには、少しだけ努力が必要な行動を生活に取り入れることが有効です。「お菓子に手を出さない」「1日100回腹筋をする」「背筋をまっすぐに伸ばす」「習いごとを始める」など、さまざまな方法があります。

3. 休息を与える

筋肉と同じく、どれだけ鍛えていても、自制心は疲労します。自制心を多く使った直後は、誘惑に負けやすくなります。自制心の疲労を感じた場合は、たっぷりと休んで自制心を回復させることに努めましょう。

4. 伝染力を活用する

優れた自制心を発揮している人を観察したり、心に思い浮かべたりするだけで、自制心は高められます。心地よい気分を感じる何かを利用することも有効です。

5. 少しだけ甘いものを摂る

自制心は、血糖の量にも影響されます。長時間、自制心が必要な場合には通常の食事からタンパク質と糖質を摂取するのが一番ですが、回復を急ぐときには砂糖を使ったお菓子や飲みものが役立つ場合があります。

6. 初めから手を出さない

いったん始めてしまったことをやめるのは、最初から手を出さないよりも難しく、多くの自制心が必要になることを覚えておきましょう。ポテトチップスを我慢したいなら、袋を開けないのが一番です。

7. 過信は禁物

危うい場所、誘惑の多い場所に身を置かないことが大切です。自分を過信して、せっかくの努力を水の泡にしてしまわないよう、慎重に行動しましょう。

第11章

現実を見よ

――現実的なオプチミストになる

世の中に溢れる自己啓発書は、「できるだけ自信を持ち、ポジティブに考えること」が目標達成の秘訣だと謳《うた》います。ページを開けば、「成功を具体的にイメージしよう！」「つねにポジティブに考えよう！」という大合唱が聞こえてくるようです。

実際、目標によっては成功を信じることで意欲を高められます。ただし、目標に、よっては、です。本書で見てきたように、目標にはさまざまなタイプがあります。ポジティブ思考は、目標のタイプによって、効果的になる場合もあれば、そうでない場合もあるのです。

この章では、ポジティブに考えることが効果的な場合と、逆効果になる場合がどのような状況なのかを検討します。現実的な楽観主義（多くの場合、成功に不可欠な要素）と非現実的な楽観主義（気分はよくなるが、問題を生じさせかねないもの）の違いについても見ていきます。気分が落ち込んだときに、前向きな気持ちを取り戻すためのヒントも紹介します。

楽観的な人は「優先順位」をつけるのがうまい

「楽観主義」とは、たとえば「自分に自信がある」「神や運命が味方してくれると信じている」などといったことを根拠に、物事に対して楽観的な考えを抱くことです。

俗に「ポジティブ思考（ポジティブシンキング）」とも呼ばれるこの考えにも、正しい面があることは心理学でも証明されています。「健康レベルの向上」「がん患者の死亡率の低下」「バイパス手術後の迅速な回復」「妊婦検診の受診率の上昇」「産後のうつ病の減少」「ストレスの多い出来事の後に見られる重度のうつ病の減少」「新入生の大学へのスムーズな適応」「不妊症などの問題への対処」など、さまざまな研究によって、驚くほど多くの効果が実証されているのです。

ポジティブ思考は、恋愛面でもよい効果をもたらしてくれます。ポジティブ思考を持つ人は、人間関係に問題が生じても、相手を責めたりせず、解決を試みる傾向が高いことがわかっています。生産的で摩擦の少ない方法で問題の解決に努めるので、カップルは幸せで満ち足りた関係を築きやすくなります。

ポジティブ思考の人は、日常生活のあらゆる面で、目標達成の過程でぶつかる障害物に積極的かつ直接的な方法で対処し、問題に正面から向き合おうとすることもわかっています。また、物事は最後にはうまくいくと信じているので、粘り強く努力を続けます。その結果、目標を達成する確率も高まります。

あまり知られてはいませんが、ポジティブ思考には目標の優先順位を適切に決定しやすいというメリットもあります。目標の重要度は人によって違います。重要な目標とは人生に大きく影響するものであり、他の些細な目標に比べ、得られる報酬が大きく、高い価値をもたらします。わたしの場合なら、よい母親であることや、心理学者としてよい仕事をするという目標は、他の小さな目標（「冷蔵庫を掃除する」「テレビ番組を予約録画する」など）に比べて、重要度の高い目標です。

よりよく生きるには、もっとも重要な目標に時間と労力を注ぎ、他の目標の優先度は下げなくてはいけません。ポジティブ思考は、この点でとても優れています。多くの目標を達成しやすくなるだけでなく、いくつもの目標をお手玉のように扱うことに長《た》けているのです。

有酸素運動を重要だと考えている人を対象にした研究では、ポジティブ思考を持つ被験者ほど、運動に長い時間をかけて取り組んでいることがわかっています。ネガティブ思考を持つ被験者は、有酸素運動の重要性を頭では理解していても、それを行動と結びつけることがうまくできていませんでした。

他にも、「友人をつくる」「よい成績を取る」などをテーマにした多くの研究で同様の結果が示されています。ポジティブ思考の人は重要な目標に時間と労力を集中させ、些細な目標には適度に取り組むことができるのです。

ポジティブ思考は物事のよい側面を見ることにも優れています。ひどい体験のなかにもよい面を見つけ出し、それほど悪いものではなかったと捉え直すことができます。どのような状況でもポジティブであろうとするので、トラブルへの対処に優れています。

なぜ「ポジティブ」で失敗するのか？

しかし、ポジティブ思考にはデメリットもあります。つねに楽観的にいい結果を期待していると、ある種の失敗を招きやすくなってしまうのです。それは、悲観主義者ならめったに犯さない類の失敗です。

ポジティブ思考の人は、物事がうまくいくと信じているために、起こり得るさまざまな問題を十分に検討しようとしません。そのため準備を怠ったり、危険な行動を取ろうとします。ギャンブルで負けが続いても、次こそは勝てると信じるために、さらに賭け金を増やします。ご存じの通り、ギャンブルというものは、最終的には胴元が儲かる仕組みになっています。つまり、このような状況では、ポジティブ思考が悪い結果を生じさせることになるのです。

一方、ネガティブ思考の人は、つねに最悪の状況を想定します。物事がうまくいかなくなる状況も含め、さまざまな可能性に備えようとします。ギャンブルで負けが続けば、勝つチャンスはないと早めに見切りをつけます（そもそも本当にネガティブ思考の人なら、初めからカジノには足を踏み入れないかもしれません）。

ポジティブ思考とネガティブ思考の違いは、失敗に対する考え方にも表れます。「あのとき、別の方法を取っていたらどうなっていただろう？」という、「もし～だったら……」式の考えを、心理学では「反事実的思考」と呼びます。

ネガティブ思考の人は「もし別の方法を取っていたら、うまくいっていたかもしれない」と考えます。この考えは次回への教訓になるため、いい結果をもたらす可能性が高まります。ポジティブ思考の人は「もし別の方法を取っていたら、さらに悪い結果になっていたかもしれない」と考えます。この考えは、あまり落ち込まずにすむという点においては役立ちますが（とくに、今後は同じような状況に置かれない場合や、状況を自分の力では変えられない場合など)、物事を改善し、次回以降のパフォーマンスを高めたい場合にはあまり役立ちません。

ポジティブ思考のもっともよくないタイプは、心理学で「非現実的な楽観主義」と呼ばれる考え方です。これは成功の非現実的な夢想だけでなく、現実逃避をも意味します。

非現実的な楽観主義は、決して珍しくはありません。

三十年前に行われた有名な研究では、アメリカの大学生のほとんどがクラスメートよりもいい人生を送れると考えていることがわかりました。学生のほとんどは、将来持ち家に住み、いい会社に就職し、ヨーロッパを旅行し、八十過ぎまで長生きし、アルコール依存症や離婚、性病、解雇、心臓発作などには見舞われないと信じていたのです。

「レイク・ウォビゴン効果」に気をつける

自分には人並み以上の能力があり、幸運の女神は自分に微笑むと誰もが信じているという現象は「レイク・ウォビゴン効果」と呼ばれます。非現実的な楽観主義は、自分でコントロールできる出来事(かなりの肥満になる)、稀な出来事(破産する)、とくに重大ではない出来事（思っていたよりも試験のできがよくない）などの状況でよく見られます。

これらの状況には失敗しないための対処策があります（「体重を測る」「家計簿をつける」「試験勉強をする」）が、ポジティブ思考をしていると、自分には問題が生じないと考えるため、対処策を取ろうとしなくなるのです。

「トラブルのもとになる非現実的な楽観主義」と「目標達成に欠かせない現実的な楽観主義」との違いは、楽観的になる理由の違いから生じます。自分は適切な計画を立てたり効果的な戦略を見つけることによって成功するか失敗するかを自分でコントロールできる、そう考えて楽観的になるのが現実的な楽観主義です。

この考えは自信と意欲を高めます。非現実的な楽観主義は、計画や努力とは無関係の要素――たとえば才能（わたしは頭がいいから成功する）や運（自分はラッキーだからうまくいく）――を根拠にします。そのため必要な準備を怠り、状況が悪くなるとすぐにあきらめてしまうのです。

この違いをよく説明する実験があります。実験は大学の新入生を対象に行われました。まず新入生の楽観性を調査したところ、彼らの多くは楽観的ではあるものの、現実的な考えは持っていませんでした。

そこで学生の半分に、「成功の要素についての教育」と呼ばれる特別な介入を行いました。成功するかどうかは、生まれつきの能力や才能ではなく、計画や努力次第で大きく左右されると伝えたのです。数学など、一般的には生まれつきの才能が必要だと考えられている領域でも、努力によって改善でき、技能を習得できるとも伝えました。非現実的な楽観主義を現実的なものに向かわせ、成功は単に期待するものではなく、努力によって獲得するものだと考えるよう仕向けたのです。

結果は驚くべきものでした。成功の要素についての教育を受けた被験者の大学初年度のGPA（成績表価値）の平均はB（良もしくは優）、教育を受けなかった被験者の平均はC（可もしくは良）となったのです。

目標達成に自信はあっても、それが現実的なものであるか疑問を感じるときは自問してみましょう。非現実的な楽観主義を現実的なものに変えるのに役立ちます。

Q1　うまくいくと考えている理由は何でしょうか？

たとえば、ある会社の面接を受けることを予定していて、自分は他の就職希望者よりも優れていると考えているとします。その根拠は何でしょうか？考えを書き出すと、理由をはっきりと理解しやすくなります。

Q2　Q1の根拠は、他の人にも当てはまるものではないでしょうか？

「頭がいい」「名門校を優秀な成績で卒業した」などが根拠であれば、同じことが当てはまるライバルがいるかもしれません。あなたは本当に内定を勝ち取れるだけの優秀な存在でしょうか。その自信は現実的なものでしょうか。

Q3　どうすれば成功を自らの力でコントロールできるでしょうか？

職を得る可能性を高めるには、どうすればよいでしょうか。実力が発揮できるよう面接に備えるには？　面接で好印象を与えるには？　対策を講じることで、現実的かつ状況に即した楽観的思考を抱けるようになります。

楽観主義が持つ危険性を、あと二つ取り上げます。

まず、ポジティブ思考は「防御型の目標」には不向きです。「危険から身を守ること」や「何かを失わないこと」を重視する防御型の目標では、「すべてがうまくいくだろう」と考えるよりも「何か悪い事態が生じるかもしれない」と用心するほうが、動機付けを高められます。

二番目は、「成功できる」と信じることと「簡単に成功できる」と信じることには、大きな違いがあるという点です。

簡単に成功できるという考えは、非現実的な楽観主義です。価値のある目標達成は、何の労力も投じずには実現できません。慎重な計画、十分な準備、懸命の努力が不可欠なのです。これらはすべて、誰でもその気になれば実行できるものばかりです。

「楽観的な考え方」を強化する

自信がとくに重要なときもあります。「得られるもの」に注目する獲得型の目標では、成功を信じることが大きな力になります。自信が持ちにくいときに、楽観的な思考を高めるにはどうすればよいのでしょうか。「四つの方法」を紹介します。

一番目は「成功の要素の見直し」です。わたしたちは「自分には能力が足りないから、目標も達成できないだろう」と考えてしまいがちですが、それは正しくはありません。固定観念を疑い、新たな可能性を探りましょう。

必要なのは本当に「能力」でしょうか？「努力」や「忍耐力」、「適切な計画の作成」ではないでしょうか？　後者が正しければ（ほとんどの場合、それが正解です）、目標は、適切な取り組みによって達成できるはずです。同じ目標を達成した人について考えてみればよくわかるはずです。その人は、入念に計画を立てて多くの労力を投じたからこそ、目標達成に成功したのではないでしょうか。

二番目は「過去の成功体験を振り返る」方法です。直面した問題や、そのときに講じた対処策を思い出します。十分間ほどかけて、とくに誇りに感じている過去の達成事項や懸命に努力をした体験を思い出し、書き出してみましょう。自信を取り戻し、目の前の問題を新たな視点で捉えやすくなります。

三番目は「条件型計画を使う」方法です。わたしは、このアプローチを強く推奨します。ネガティブな考えが頭に浮かんだときの対処策を、あらかじめ計画しておくのです。条件型計画に、ポジティブな思考を組み込んでおきます。「自信が持てなくなったら、成功のために必要な取り組みをしていることを思い出す」といった具合です。この手法は目標達成の妨げになるような考えが浮かんだときの対処に、非常に効果的です。継続的にこのアプローチを用いることで、楽観的思考を強化できます。

四番目のアプローチとして、巷《ちまた》でよく用いられる「成功をイメージする」について考えてみましょう。自己啓発書の多くは、強く思い描くだけで望みが実現すると謳《うた》っていますが、科学的にはその正しさを示す十分な証拠は得られていません。

科学が注目しているのは、成功そのものをイメージするのではなく、「成功のためのステップ」をイメージすることです。単に望ましい結果を期待するのではなく、目標達成の細かいプロセスを頭に描くことで、ポジティブ思考が強化されると共に、目標に即した計画と準備を行いやすくなります。必要な行動を実践している自分の姿を思い描くことで、自信が深まります。このときに得られる感覚こそが、〝正しい〟ポジティブな感覚です。

第11章のポイント

1. 楽観主義は場合によってはとても効果的である
楽観的な思考には、モチベーションを高め、優先順位をつけるのに役立ち、思いがけない出来事に対処しやすくなるという効果があります。

2. 楽観主義が危険を招くときもある
楽観的に考えている人には「起こり得るさまざまな事態を想定しない」「準備を怠る」「不用意にリスクの高い行動を取る」などの傾向も見られます。

3.「非現実的な楽観主義」をやめる
非現実的な楽観主義は、先天的な能力や運などコントロールできない要因を楽観の根拠にします。非現実的な楽観主義を持っていると、必要な努力を怠りがちで、事態が悪い方向に進みだしたとき、対処に戸惑う傾向にあります。

4. 現実的に行動する
現実的な楽観主義は、自分でコントロールできることを自信の根拠にします。努力し、モチベーションを維持し、最適なアプローチを用いることで成功できると考えるため、高い確率で目標を達成できます。

5. 能力に固執しない
適切な楽観主義を高めるには、目標達成のためには「能力」ではなく、「努力」「忍耐力」「計画」が必要だということを自覚することが大切です。同じ目標を達成した人を観察することもよい方法です。

6. 過去の自分を手本にする
過去の成功体験を振り返ることも、楽観主義を高める効果があります。自分の真の実力を思い出すことで、自信を取り戻しやすくなります。

7. 成功そのものではなく、プロセスをイメージする
ゴールの瞬間ではなく、ゴールに向かう細かなプロセス（「計画」「想定される選択肢」「直面し得る問題」など）をイメージするほうが効果的です。これによって自信が深まり、余裕を持って準備を行えるようになります。

第12章 あきらめるとき、粘るとき

――「そんな目標」にこだわるな

わたしは研究者や教育者としての仕事を通じて、きわめて優秀でありながらも、仕事や研究がうまくいかなくなると簡単にあきらめてしまう人を大勢見てきました。逆に、一見するととくに際立った能力はないと思われる人が、最後まであきらめずにやり通し、成功を収める例も数多く目にしてきました。

わたしのように目標達成をテーマにする研究者は、研究を始めるとすぐに、生得的な能力が成功とは意外なほど関係がないことに気づきます。むしろ、成功と大いに関連するのは粘り強さです。目標達成に失敗する典型的な理由は、すぐにあきらめてしまうこと、そして、あきらめる理由が的外れだということなのです。

では、粘り強さを高めるにはどうすればよいのでしょうか。

この章では、目標達成のために何が必要かという自分の捉え方や設定する目標のタイプが粘り強さにどう影響するかを見ていきます。

そしてもう一つ。たしかに、粘り強く目標を追い求めることはとても重要です。それでも、わたしは「あらゆる目標を頑張って達成しなければならない」とは主張したくありません。ときには、目標をあきらめる潔さを持つことも、よりよく生きるために大切だと思うからです。

望むものをすべて手に入れられる人などいません。あきらめどきを見極めるのは、目標を粘り強く追い求めるのと同じくらい重要で、そして難しいことです。

研究によって、幸福で健全な生活を送るためには、目標をあきらめるタイミングを知ることが欠かせないとわかっています。この章では、あまりにも難しく、あまりにも大きな代償を支払わなくてはならない目標を手放す方法と、その時期の見極め方についても見ていきます。

追い求め続けるべきか、あきらめるべきか——恐怖心や的外れな根拠からではなく、確実な証拠をもとに適切な判断を下す方法を学んでいきましょう。

下した決断に納得して人生を歩み続けていく方法を知ることは、わたしたちすべてにとってとても大切なことです。

「精神力」も鍛えられる

厳しい状況下でも粘り強く行動を続けられる人がいます。心理学者のアンジェラ・ダックワースはこの性質を「(強靱な)精神力」と呼び、「精神力のある人はマラソンランナーのような粘り強さで目標達成を目指す。これらの人びとの強みは優れたスタミナにある」と述べています。精神力は、長い期間を通じて粘り強く努力する意志であり、「何年もかけて目標を達成したことがある」「始めたことは最後までやり通す」といった文章に合意する程度によって測定できます。

「強靱な精神力」という言葉からは、ランス・アームストロングやネルソン・マンデラなどの、常人では乗り越えられないような困難を克服してきた類いまれな人物が思い浮かぶかもしれません。

しかし、誰でもそれを持つことは可能です。研究は、意志の強さと目標達成には強い関連があるということを示しています。精神力の度合いから、教育レベルを推測することもできます。精神力のある大学生のほうが、そうでない学生よりもテストの成績がよく、陸軍士官学校でも精神力のある士官候補生のほうが過酷な一年目を耐え抜けることがわかっています。

精神力はさまざまなメリットをもたらしてくれます。自制心と同様、精神力も鍛えることができます。それによって、困難を乗り越えやすくなります。

まずは、自然と精神力が高まるような目標を選ぶことが効果的です。習得型の目標は、証明型とは異なり「成績」や「評価」よりも「成長」や「改善」に注目します。到達までの道のりが長くても、楽観的思考や途中の段階での達成感を得やすく、精神力の強化に役立ちます。自発的に選択した目標も精神力を高めてくれます。自分の好みや価値観、望みに基づいて定めた目標は、目標に向かう過程で達成時と同じくらいの楽しさを味わえるので、長い道のりを歩みやすくなります。

専門書や書類がうず高く積まれた机に向かって背中を丸めて座りながら、人生の大半をかけて人知れず地味な研究を続ける学者がいます。何十年も費やして数式を解いたり、化学反応を研究したり、シェイクスピアの作品は別人によって書かれたという確固たる証拠を追い求めたりする人生を、味気ないものだと考える人もいるかもしれません。

しかし、本人たちは決してそうは思っていません。難解で常人にはその意味がよくわからないような学術的テーマは、研究者が自発的に選んだものであり、だからこそ尽きることのない知的好奇心と精神力を持って長期間の研究に身を投じることができるのです。

うまくいかない原因を正しく理解する

成功や失敗の原因を正しく理解することでも、精神力を高められます。望ましい結果が得られなかったとき、その原因を、持って生まれた能力のなさだと考える人がいます。結果が得られないのは能力の欠如であり、能力は生得的なものだと信じていると、困難に直面すると自尊心が傷つき、不安や抑うつを感じやすくなり、達成の自信を失いがちになります。

新しい職場で上司から評価を受けたとします。コミュニケーション能力について「改善の必要あり」と評価されると、内気で不器用な性格は直せないと信じ込んでいる人は、コミュニケーション能力を高めようという意欲を持つのが難しくなります。実現の見込みを信じられなければ、精神力は低下してしまうのです。

しかし、問題の原因を自分の努力不足（相手に自分の意図を伝えようとする労力が足りなかった、方法が適切でなかった）と考えていれば、ただ落ち込むのではなく、問題を改善しようという意欲が湧き、精神力を強化しやすくなります。

目標を達成できない原因が生得的な能力のみであることはめったにありません。ただし、生まれ持った性質が足かせになる場合はあります。たとえば、身長一六五センチのわたしが「バスケットボールでダンクシュートを決めること」を目標にすれば、その実現は背の高さで制限されてしまいます。それでも、バスケットがうまくなるように練習することは可能です。

スポーツの上達で重要なのは、しっかりとした心構えと適切なトレーニングです。持って生まれた能力や才能はたしかに存在しますが、コーチなら誰でも、努力と練習ほど重要ではないと教えてくれるはずです。誰でも、一生懸命に練習に取り組めば技能を高められるのです。

「その目標」をあきらめるべき二つの理由

目標をあきらめることを真剣に考えなければならないときもあります。このまま追い求めるか、それともあきらめるか——。判断の決め手になるのは、達成を目指すだけの理由があるかどうかです。才能や能力がないという理由で簡単に目標をあきらめるのが誤った考えだということは、もうおわかりだと思います。

目標達成のためにもっとも大切なのは、努力や計画、適切なアプローチであり、それはわたしたちすべてが手に入れられるものです。いまはゴールに到達する力がなくても、自分を成長させ、技能を向上させることで、その力は得られます。それでも、わたしたちは目標をあきらめるかどうかを真剣に悩まなければならない局面に出合います。

理由は二つあります。どちらも能力とは関係ありません。

一番目は、時間には限りがあるということです。どれだけ技能や実力があっても、時間やエネルギーは無限ではありません。すべての目標を完璧に実現するのは不可能であり、時間とエネルギーを投じる対象は絞り込まなくてはなりません。本書では目標達成のための効果的な時間の使い方を紹介してきましたが、誰にとっても、睡眠を除いた一日の活動時間が十六時間程度であるという事実は変えられません。

育児中の共働き夫婦は、このジレンマに直面します。週に六十時間も働いていれば、子どもと過ごす時間は削られてしまいます。ベビーシッターを利用せずに子育てと仕事を両立するのは、とても大変です。一度にいくつもの目標を追い求め、その結果どれもが中途半端になってしまうよりも、時間とエネルギーに限りがあることをじっくりと見つめ直すことも大切です。自分にとって一番大事なものに労力を集中させることを考えるのです。

目標をあきらめるべき二番目の理由は、代償が大きすぎる場合です。状況は時間の経過とともに変化します。目標を追い求めることが難しくなったり、楽しさやりがいを感じなくなったりすることも起こり得ます。ふと気づくと、その目標を追い求めている理由がわからなくなっていることもあります。賢く、健全に生きるためには、選んだ道を改めて見つめ直すことが必要なのです。

対象を変えればうまくいく

目標が自己イメージと強く結びついているときには、目標をあきらめるのがさらに難しくなる場合があります。日常生活でわたしたちが担うさまざまな役割は、アイデンティティの基盤になっています。

たとえば、医師、母親、教師は、その立場で自分を定義することが多くなります。医師なら患者を癒すこと、母親であれば幼子《おさなご》が夜中に起きないように寝かしつけること、教師であれば問題のある生徒に手を差し伸べることなど、それぞれの立場で設定した目標が達成されないと、無力さを感じるだけでなく、自らの存在が否定されてしまうような感覚に襲われます。

それでも、幸せで健全な暮らしを営むには、目標をあきらめることはとても重要です。その方法は、学べます。ステップは二つ。まず、あきらめることが本当に自分にとってよいことであるかどうかの確認です。次の質問に答えてください（できるだけ、答えを書き出すようにしてください）。

Q1　目標がなかなか達成できないのはなぜでしょうか？　うまく進めるためにすべきだと思うことを考えてください。

a：さらに時間をかける
b：さらに努力する
c：別の方法を取る
d：専門家の助けを借りる
e：自制心を高める
f：計画を練り直す

目標達成のためにすべきことが「ない」ということはあり得ません。なかなか目標達成ができない理由をじっくりと考えてみましょう。

Q2　Q1の答えを、実行できるでしょうか？　時間を見つける、意欲を高める、必要な助けを得るなどは、あなたにとって実現可能なことでしょうか。答えが「いいえ」なら、目標をあきらめることを真剣に検討すべきです。

Q3　Q1の答えは実行できるものの代償が大きすぎると感じるでしょうか？

プロセスをまったく楽しめないでしょうか。他の多くの目標を犠牲にしてしまうでしょうか。答えが「はい」ならあきらめることを真剣に検討すべきです。

目標をあきらめると決断した後は、くよくよ考えないように努めましょう。無意識のレベルでまだ目標を追い求めるという作用が働いて混乱が生じ、目標を完全に手放しにくくなります。

二番目のステップは、手放した目標の代わりになる、新しい目標を見つけることです。これはとても重要ですが、おろそかにされがちです。このステップによって、わたしたちは幸福感を高め、後悔しにくくなります。追い求めていた何かをあきらめるときは、自分にふさわしい別の対象を探しましょう。エクササイズの種目が自分には合わないと感じたら、他に楽しく続けられるものがないか、スポーツクラブのプログラムを調べてみましょう。恋人との別れを決意したのなら、その相手と一緒に過ごしていた時間をどう使うかを考えましょう。

目標を手放すときに、同時に別の目標を目指すようになると、移行がスムーズになることがわかっています。意義とアイデンティティを強く感じられる新たな目標を持つことで、その後の行動に積極的になれます。後ろを振り返ることなく、前を向いて人生を歩んでいけるようになるのです。

第12章のポイント

1. 精神力をつける

長期間にわたって目標に取り組み、困難に直面しても努力できる人は、目標達成の可能性が大きく高まります。粘り強く努力できる精神力は、適切な目標を選ぶことで高められます。習得型の目標や、自発的に選択した目標は、長期間、粘り強く目指しやすい目標になります。

2.「努力の不足」が元凶だと考える

目標を達成できない原因が、変えることのできない生まれつきの能力だという考えは、正しくありません。本当に必要なのは「努力」「計画性」「粘り強さ」「目標に合ったアプローチ」です。これを理解していれば、目標を正しく理解できるようになるだけでなく、精神力を大きく高められます。

3. 目標は達成できないときもある

すべての目標を達成しなければならないということはありません。時間とエネルギーには限りがあります。重要な目標に時間とエネルギーを集中させることの重要性を認識しましょう。よりよく生きるためには、達成できない目標を手放すこともとても大切です。

4. 代償が大きすぎるときもある

長い間求め続けてきた目標でも、代償が大きすぎるときはあきらめることも大切です。目標を追い続けることをあまりにも負担に感じるようであれば、無理をする必要はありません。

5. 古い目標を手放し、新しい目標を目指す

健全で満ち足りた人生を送るには、達成がきわめて難しく、代償が大きすぎる目標をあきらめるタイミングを知ることが大切です。道のりが有意義で楽しく多くのメリットを得られる新しい目標を設定しましょう。目的意識が高まり、前向きに人生を歩めるようになるはずです。

第13章 フィードバックの魔法

——指針がなければ進めない

　目標の達成には、フィードバックがきわめて重要です。フィードバックがなければ、方向がわからず、暗闇を手探りするように進まなくてはなりません。親や教師、コーチ、管理職などの立場にある人にとって、他者にフィードバックを与えることは仕事の一部です。方向が正しければそれを継続させ、間違っていれば指摘し、相手が高いモチベーションを維持しながら進み続けられるように支援しなければなりません。

　しかし、フィードバックがつねに効果的であるとは限りません。役に立たないものもあれば、逆効果になってしまうものもあります。相手のためによかれと思ってかけたほめ言葉やアドバイスが裏目に出てしまったという体験をした人は、少なくないはずです。そして多くの場合、フィードバックをした側には、逆効果になってしまった理由がよくわからないのです。

研究により、ときと場合によってフィードバックの反応が違うのは、ミステリアスなことでも、単なる偶然でもなく、確かな根拠があるということがわかっています。相手に的確なアドバイスをすることは、持って生まれた才能とは関係ありません。これまで苦い経験をしてきた人でも、フィードバックをうまく伝える方法は身につけられます。

「頭のよさ」「努力」「粘り強さ」……何をほめるべきか？

この章では、これまで学んできた目標達成の落とし穴についての知識を生かしながら、相手のモチベーションを高め、正しい方向に導くための適切なフィードバックを与える方法を紹介します。

ベテランの管理職や教師に次のような質問をすれば、十人十色の答えが返ってくるはずです。

「努力が足りない、アプローチが不適切、目標との相性がよくないなどの理由で思うような結果が出ていない相手には、それを伝えるべきか？」

「フィードバックを与えるのはつねによいことか？」

「学生や従業員をほめるときには、頭のよさ、努力、粘り強さのどれをほめればよいか？」

「ほめ言葉はできるだけ多くかけたほうがいいか、それとも、本当に優れた成果をあげたときだけにすべきか？」

実際には、適切なフィードバックを与えることは簡単ではありません。能力をほめれば、相手は浮き浮きとした気分になりますが、状況が悪くなると途端に現実に引き戻されます。努力をほめれば、相手は問題にうまく対処できるようになることも、馬鹿にされたように感じることもあります。取るに足りないような業績をほめると、自らの能力を過小評価してしまう場合もあります。

科学的な研究成果を吟味《ぎんみ》することで、効果的なフィードバックの原則は学べます。この章では、実用的で簡単なルールを紹介していきます。どのようなフィードバックをどう伝えるべきかを学び、今後に活用してください。

「結果が出ない人」を慰めてはいけない

達成できるはずの成果が出ていないとき、相手にそれを伝えるのは簡単なことではありません。よくない知らせを人に伝えるのは気が進まないものです。建設的な批判をするのも簡単ではありません。わたしたちは相手を気遣って、「君のせいではない」「一生懸命に頑張ったのだから仕方がない」「あなたには向いていなかっただけだよ」などと声をかけてしまいがちです。

しかしモチベーションの視点からは、このような考えは合理的ではありません。パフォーマンスがよくないときにネガティブな感情を抱くのは、必要なことなのです。不安と悲しみはモチベーションに大きく影響します。脳はこれらの感情を取り除くために、行動を起こそうとします。ネガティブな感情は、目の前の問題に意識とエネルギーを集中させます。それは、問題に対処するための燃料になるのです。

悪い結果の責任を取らなければ、問題を自らコントロールできるという感覚も奪われます。問題と向き合わなくては、その後に成果を向上させることはできません。これは、思うような結果が出ていない従業員や学生（または自分）に気分を落ち込ませるような言葉を言うべきだと言っているわけではありません。それとは正反対です。

動機付けを高めるフィードバックは、耳あたりのよい言葉である必要はありません。相手に対して気を遣いすぎて大切な言葉をかけることをためらうべきではないのです。それは相手のためでもあります。

問題に直面している人へのよいフィードバックとは、まだ達成のチャンスがあるのだという信念を相手に抱かせるものです。自信を失うことほどモチベーションを下げるものはありません（獲得型思考の人の場合は、とくにそれが当てはまります。何かを得ることを目標にしていると、悲観的な批判にはとくに敏感になる傾向がありま す）。

ネガティブなフィードバックを与える場合は、本当に相手のためになるよう留意すべき点がいくつかあります。

まずは、問題をできるだけ「具体的」に示すことです。

問題を細かく捉えることで、フィードバックを与える側も、受け手も、問題を漠然としたものにすることを避けられます。数学の成績が伸び悩んでいるときは、「自分は数学が苦手だ」という漠然とした能力の問題として捉えるよりも、「統計学を集中的に勉強しよう」と考えるほうが、自信を失いにくく、努力への意欲を高めやすくなります。

部下のコミュニケーション能力に問題があれば、漠然と注意するのではなく、具体的に何に取り組むべきかを伝えます。具体例を見てみましょう。

悪い例：君は連絡や報告がなってない。

良い例：君のプロジェクトの進捗とスケジュール管理の状況をもっとよく知りたい。毎週簡単な打ち合わせをしよう。そこで逐次《ちくじ》報告してほしい。

この部下は、おそらくコミュニケーション能力が高くないと自覚しているはずです。改めてそれを指摘したところで、部下に自分の欠点を強く意識させるだけです。改善のための具体的な方法を提案することで、部下の意欲は高めやすくなります。自尊心の低い人はネガティブなフィードバックを過度に一般化し、原因を自分の能力だと捉えてしまいがちです。ネガティブなフィードバックを与えるときは、内容が具体的になるよう気をつけましょう。

問題をコントロールできないと感じるとき、人は悲観的になり、落ち込みやすくなります。コントロールできると感じると、自信が生まれ、楽観的になります。問題点を指摘する際は、相手からコントロールの感覚を奪わないように注意を払いましょう。

相手を気遣いたくても、相手に責任がないかのように思わせる言葉をかけるべきではありません。「成果が出ないのは自分の責任だ」と自覚することで、改善のために何をすべきかを考えるようになるからです。「努力が足りない」「別の方法を試すべきだ」と相手に伝えるのは、心からそう感じているのであれば必要なことです。

ただし、本人にそれを改善する力があると理解させることが大切です。相手を信じ、しっかりとそれを伝えましょう。

悪い例：化学の成績が悪いのを気にすることはないよ。君には向いていないんだ。作文ではすごい才能を発揮しているじゃないか。

良い例：化学の成績のことだけど、勉強方法が適切でなかったのではないだろうか。作文と同じような姿勢で化学の勉強に取り組んではどうだろう。次の化学の試験までにどれくらい改善できるか、勉強時間と勉強方法について話し合おう。

学生や従業員がいくら努力をしても、なかなか目標が達成できないときもあります。そんなときは、その努力を称えて、「落ち込まなくていいよ。一生懸命やったのだから」と声をかけたくなります。しかしこのようなフィードバックはできるだけ避けるべきです。

研究によっても、報われない努力をほめられた相手は、自分の愚かさをさらに強く意識するようになることがわかっています。フィードバックを与えた人の意図に反する、逆効果が生じることが多いのです。

真剣に取り組んだ結果うまくいかなかったときは、ただ慰めようとするのではなく、必要な情報を伝えるようにしましょう。

効果的なのは、どのようにすれば改善できるかを考えさせるフィードバックです。

努力不足が問題でないならば、原因がアプローチである可能性が高まります。計画を練り直すべきかもしれません。フィードバックを与える立場にある人の責任は、問題点の指摘ではなく、改善策を共に見つけ出すことなのです。

科学的に正しい「ほめ方」五つの鉄則

一般に、相手をほめることはつねによい行いだと思われがちです。しかし、伝える内容とその言い方次第で、動機付けを高めることもあれば、落ち込ませることもあります。

ほめられることは、自信や決断力を高めます。ほめられると喜びを感じ、積極的に目標達成に取り組むようになります。しかし、ほめられることで過度のプレッシャーを感じ、リスクを取ることに消極的になり、自発的な感覚が低下することもあるのです。相手の意欲を損なうことなく、「頑張ったね」という言葉をかけるにはどうすればよいのでしょうか。

二〇〇二年に、心理学者のジェニファー・ヘンダーロングらは、称賛の効果についての多数の研究をレビューし、よい成果に対するフィードバックにプラスの効果を持たせるための五つのルールを定義しました。

ルール1：称賛の言葉は「本心からのもの」であること

本心は、相手に伝わります。「言葉巧みに何かをするように仕向けられている」「自分を気遣うあまり嘘のほめ言葉をかけられている」などと感じるとき、人は相手の言葉を誠実なものとして受け止められなくなります。過度な感情表現（「こんな素晴らしい四半期レポートは見たことがないよ！」）でほめ言葉をかけることも、誠実さに欠けると思われやすくなります。オーバーな表現や言葉には気をつけましょう。

また、あまりにも一般化したほめ言葉も避けるべきです（「いつもたくさんチップをくれて、お客様は気前がいいですね」）。相手は、反対の意味を想像しかねません（「毎回特別多くチップをあげているわけではないのに、皮肉を言われているのだろうか」）。ほめる対象は具体的にしましょう。

悪い例：今年はじつにいい働きぶりだった。君は理想の社員だ。
良い例：例の件での君の対応には本当に感心した。あれは複雑な案件だったけれど、じつにうまく対処してくれた。今年の君の頑張りには感謝する。期待以上の働きを見せてくれたよ。

努力が十分でない人に、努力したとほめるのはよくありません。技能を学んでいる最中の人に、技能が優れているとほめることもよくありません。相手にばつの悪い思いをさせてしまうことがあるからです。些細《ささい》なことを大げさにほめると（「君の手書きの文字はものすごく読みやすいね」）、言葉に真実味がなく、馬鹿にされたと受け止められる場合もあります（「どうして字なんかほめるんだろう。僕のことを哀れんで、馬鹿にしているのか」）。称賛に値しないことや、些細なことをことさらにほめられるのは、誰でもあまりいい気分がしないものです。

誠実さを伝えるには、身振りや行動が言葉と矛盾しないようにする配慮も大切です。視線をそらしたり、言葉を探してからほめ言葉を伝えても、行動と言葉が噛み合っていないと思われます。ほめ言葉はむやみに用いるべきではありません。本当に称賛に値すると感じたときにだけ伝えるようにしましょう。

ルール2：相手がコントロールできる行動を重視する

生得的な能力や資質をほめる対象にすると、うまくいかなくなったときに問題が生じます。テストでよい成績を取った子どもに「よくできたわね。あなたは本当に賢い子だわ」とほめると、次のテストの結果がよくないとき、子どもは自分が賢くないと感じてしまいます。努力や忍耐力、効果的なアプローチ、心構えなどをほめることで、それらが重要であるという考えが強まり、困難に直面しても簡単にあきらめなくなります。

キャロル・ドゥエックらによる実験も、ルール2の重要性をはっきりと示しています。まず、小学五年生の子どもたちに比較的簡単なテストをさせ、その結果をほめます。この際、生徒の半分にはその能力をほめ（「君は本当に頭がいいんだね」）、もう半分にはその努力をほめます（「一生懸命頑張ったね」）。次に、生徒全員に難易度の高いテストを与えます。きわめて難しい問題を用いたため、正解率が一〇%以上になった子どもは一人もいませんでした。最後に、子どもたちに最初と同レベルの難易度の低いテストを解かせます。

その結果、最初に能力をほめられた子どもたちは、三番目のテストで大きく成績を低下させてしまいました。最初のテストで「頭がいい」とほめられたことで、二番目の難しいテストができなかったときに、自分は頭がよくないと考えてしまったのです。その結果、自信と意欲を低下させ、最初と同じレベルの三番目のテストでも正解率を低下させてしまったのです。

一方、努力をほめられた子どもたちには逆のパターンが見られました。最初のテストよりも三番目のテストのほうが、成績がよかったのです。最初のテストで努力をしたことをほめられた子どもたちは、二番目のテストが難しかったことでさらなる努力が必要だと感じ、三番目のテストに懸命に取り組んだのです。自信と動機付けが高まり、それがよい成績に結びつきました。

もちろん、努力をほめられるよりも、才能をほめられるほうが嬉しいと感じる人は多いはずですし、わたしはそれを否定するつもりはありません。努力よりも才能を認められたいと思わない人はいないでしょう。わたしたちはそれを本能的に知っているからこそ、他者の能力をついほめそやしてしまうのです。

しかし、目標達成に本当に必要なのは、才能があるとほめられて気分がよくなることではなく、十分な計画をし、適切なアプローチで努力を粘り強く続けていくことです。それを認識したうえで、ほめ言葉の内容と伝え方には気を配るべきです。

能力をほめてはいけないというわけではありません。わたし自身、うまくできたときは両親に「偉いね」とほめられましたし、自分の子どもにも同じ言葉をかけることがあります。大切なのは、能力だけをほめないことです。能力を生かすために必要な努力やアプローチも同時にほめるようにするのです。

生まれ持った能力だけで目標を達成できることはまずありません。才能だけで目標は達成できると相手が思い込まないようにするためにも、適切なアプローチを取り、粘り強く努力し、高い意欲で取り組んだからこそよい結果が出たのだということを認識してもらうべく、ほめるときには気をつけるべきなのです。

悪い例：よくできたわね。あなたは本当に賢い子だわ。

良い例：よくできたわね。試験勉強を頑張ったからだわ。たくさんのことが身についたはずよ。

ルール3：人と比較しない

他者と比較されると、わたしたちはそれを生まれ持った能力と関連づけて考え、努力やアプローチなど自分でコントロールできる要因を軽視してしまいがちです。成績や成果が他者と比較されていると感じると、技能や能力を高めようとするのではなく、よい結果を評価してもらうことに執着するようになります。

他者との比較に基づいたほめ言葉は、相手の自意識を強くさせ、能力の誇示に注目させてしまいます。そのため、将来的な成長が阻害されてしまう可能性が高まるのです。

ほめるときは、相手が成長した点に注意を向けましょう。他者との比較ではなく、本人の現状と過去の実績を比べるのです。成長したことをほめられれば、さらに自分を向上させようとする意欲が高まります。

悪い例：君はこの学部のなかで一番優秀だ。
良い例：君はこのプログラムを始めてからとても成長した。いまではもう立派な研究者だ。

ルール４：自律性の感覚を損ねない

結果に対して報酬を設定したり、プレッシャーをかけたりすると、管理されているという感覚が生じ、行動そのものから得られる楽しみや没頭の感覚が損なわれます。

「このまま頑張れば賞金がもらえる」

「この調子でうまく続ければ、君のことを評価する」

などの言葉は、金銭や愛情など、外部的な評価基準を強調しています。勉強や仕事に楽しみながら自発的に取り組んでいる学生や従業員の注意を外部的な要因に向けてしまうことになるのです。

ほめるときはほめる対象そのものに着目し、相手の好みや選択を認め、自発的な行動を促すようなほめ方をしましょう。

悪い例：このままずっと数学でいい点数を取り続けたら本当にすごいね。
良い例：素晴らしい。あなたが数学をとても楽しんでいるのがわかって嬉しいわ。

ルール5：達成可能な基準と期待を伝える

よい結果をほめることは、相手がモチベーションを高め、引き続きよい成果をあげるのにきわめて効果的ですが、ついほめすぎてしまう場合があります。わたしたちは相手に、その気になれば何でも実現できるのだと信じてほしいと考えます。そして、ほめることでさらに自信を深めてもらいたいと考えますが、相手に実力以上のものを期待してしまうこともあります。

勉強のできる子どもに、「将来はハーバード大学に合格間違いなしだね」と言ったり、運動が得意な子どもに「未来のオリンピック選手だな」などと言ったりするのは、無害なほめ言葉のようにも聞こえますが、そういう言葉を繰り返し聞かされた相手は、「自分にはそうなるしか道がない」と考えてしまうこともあります。

ハードルを高く設定するのは大切ですが、現実的であることも重要です。優秀な成績で高校を卒業しても、ハーバード大学に合格できない人は毎年何千人もいます。並外れたスポーツ選手でも、オリンピックに出場できるのはほんの一握りです。

本書で見てきたように、効果的な目標とは「難しいが可能」なものです。ハーバードやオリンピックの代わりに、勉強が得意な子どもには「いい大学に入れる」、運動が得意な子どもには、「大学でも運動部で活躍できる」とほめてあげましょう。もちろん、そのためには弛《たゆ》まぬ努力が必要だとつけ加えることもお忘れなく。

悪い例：いつもこれくらいのプレーができれば、メジャーリーグも夢じゃないぞ！

良い例：今日は素晴らしいプレーだった。次の試合でさらにいいパフォーマンスを出すためにはどう練習や準備をすればいいか、考えてみよう。

フィードバックを与える際、相手に伝える言葉には十分な配慮をすべきです。言葉は、わたしたちが考えている以上に動機付けに影響します。フィードバックを与える立場にある人は、その責任の重さを自覚すべきです。

あなたにアドバイスを求める人に対しては、自信を与え、意欲を高めるような的確なフィードバックを与えると同時に、具体的な行動に結びつく、現実的なアドバイスを与えるようにしましょう。

第13章のポイント

1. 話すときは誠実に

「あなたのせいではない」「一生懸命やった」などの言葉は相手を傷つけることはないかもしれませんが、無力感や失意を感じさせることがあります。努力不足や不適切なアプローチが原因ならば、その責任が自分にあると自覚することで、改善に取り組むための意欲を高められます。

2. 前向きかつ現実的に

問題点の指摘で大事なのは、「必要な行動を取れば目標を達成できる」というこちらの信念を相手に伝えることです。問題の本質と取るべき解決策を、できる限り具体的に伝えましょう。

3. ほめるときは誠実に

相手のモチベーションを高めるには、誠実さを伝えなくてはなりません。過剰な表現でほめたり、一般的すぎる表現だったりすると、不誠実に思われてしまいます。むやみにほめるのではなく、本当に素晴らしい成果をあげ、称賛に値するときのみほめるようにしましょう。

4. 才能ではなく行動をほめる

相手がコントロールできる行動に注目します。生まれ持った才能ではなく「努力」「効果的なアプローチ」「高い意欲」「粘り強さ」をほめましょう。

5. 他者と比較しない

クラスメートや同僚と比較するようなほめ言葉は避けましょう。本人の現状と過去の実績を比較すれば、向上することの価値に意識が向き、進歩や成長を重視し続けるようになります。

6. ほめられることを目的にさせない

称賛や報酬によって、相手は成果をあげることのみに意識が向き、自発性やプロセスを楽しむ気持ちが失われてしまう場合があります。相手の感情や選択を尊重し、自らの意思によって目標達成のための行動を取ることを促すようにしましょう。

最後に

わたしはもともと、絶対的な確信がない限り何かを明言しないタイプです。それはおそらく、研究者としての長い経験から培われた習性でもあるのでしょう。科学では、裏付けとなるデータがない限り、何かを断定することはできないからです。

あるいは、わたしは単に誤った内容の発言をすることを恐れているのかもしれません。周りからもよく「間違ったことを言うのが嫌いな人だね」と指摘されます（わたしはいつも、「それが嫌いではない人はいるの？」と反論しているのですが）。

そのわたしが、完全な自信を持って明言できることがあります。

わたしは、読者であるあなた個人のことは知りません。

それでも、１００パーセント断言できます。

目標を達成する能力は、誰でも必ず伸ばすことができる」、と。

本書でわたしが説明したモチベーションの原則や目標達成のヒントはすべて、あなたがゴールを目指して前に進むうえでの大きな力になるものです。

本書を読み終えたあなたが、これまでさまざまな目標の達成を目指してきたなかで、自分の方法が正しかったのかどうか、何が壁になっていたのか、そして今後どうすればよいかを深く理解してくださることが、私の最大の望みです。

達成までの道のりにおいて、絶対に解決できない問題はありません。

自制心は、鍛えることも、不足しているときに補うこともできます。効果的な計画を立てることも、現実的な楽観主義を持つことも可能です。精神力を強くすることもできます。目標そのものを見直し、自分にとって簡単かつ楽しい方法で前に進むことも難しくはありません。

自分に適したアプローチを活用し、自分に合わないものは使わないようにすることも効果的です。どうしても達成が難しい目標は、納得したうえであきらめることもできます——それによって、いまよりも幸せになり、心の健康が保てるような方法で。

あなたにはそれができるはずです。

なぜなら、それは誰にでもできることだからです。

特別な能力や才能は不要です。目標を達成する能力を高めるために、別の人間に生まれ変わる必要などないのです。

必要なのは、本当に効果的なものは何かという知識と、行動への意欲を持ち、それを実行することです。

本書を読んだあなたは、すでに必要な知識を得ています。本書を読むことを選んだ時点で、高い意欲に溢れてもいるはずです。

残るは行動だけです。行動は、いまからでも始められます。

準備はすべて整いました。ゴールに向かって、今日から歩み始めましょう。

ハイディ・グラント・ハルバーソン

訳者あとがき

ダイエット、恋愛、仕事、ファイナンス、子育て、人間関係――わたしたちは日々、さまざまな目標を実現したいと思いながら暮らしています。にもかかわらず、なかなかうまくいかずに頭を悩ませています。

「どうすれば目標を達成できる?」「そもそも目標はどのようにつくればいい?」「壁にぶつかったとき、どうすればそれを乗り越えやすくなる?」――本書はそんなわたしたちの疑問に応えるべく、目標の立て方と達成のためのアプローチ、意欲の高め方などを、気鋭の心理学者がわかりやすく説明するものです。

著者は心理学者のハイディ・グラント・ハルバーソン博士。専門であるモチベーションと目標達成の分野での第一人者として、世界的に高い評価を受けています。彼女は多数の学術誌に意欲的に論文を発表すると同時に、「サイコロジー・トゥデイ」や「ハフィントン・ポスト」「ハーバード・ビジネス・レビュー」などの媒体に、目標達成、セルフコントロール、幸福感などの幅広いテーマで一般向けの記事を多く寄稿。科学のたしかな裏付けのある、シンプルかつ効果的な目標達成のヒントを紹介し、多くの読者の支持を得ています。

ハルバーソンは、目標達成のためには、まず目標とは何かを理解し、それに応じて適切なアプローチを取ることが大切だと説きます。わたしたちが漠然と捉えている「目標」には、じつはさまざまなタイプのものがあり、その性質に合った取り組みをすることが重要なのです。読者は、「何かを得たいのか、守りたいのか」「周りに能力を証明したいのか、能力を習得したいのか」「行動そのものに注目するのか、その理由に注目するのか」など、いくつもの目標のタイプを学びながら、その長所と短所を十分に理解したうえで、賢く目標達成を目指せるようになります。また、本書内には、自分や身近な人の行動にどのような傾向があるのかを知るための演習も多数用意されています。読者は、目から鱗が落ちるような体験をしながら、説得力のある著者の主張をしっかりと理解できるはずです。

自分自身の目標だけでなく、チームで目指す目標、部下や子どものパフォーマンスや能力を伸ばすための目標など、あらゆる目標を効果的に設定し、達成を目指す方法が、ユーモアを織り交ぜながら、軽妙な文章で語られていきます。読み終えた後、読む前よりも、目標を達成する能力が確実に上がったと実感できること請け合いです。

本書は、「こうすれば必ず成功できる」「あなたも絶対に目標を達成できる」というような甘い言葉で読者を誘惑する、いわゆる「自己啓発書」とは大きく性質を異にします。著者のメッセージはとても公正かつ客観的です。ハルバーソンは本書を読むことで、「誰でも目標に近づく力を高められる」と力強く主張しますが、決して「こうすれば誰でも必ず簡単に目標を達成できる」などと事実ではないことを主張したり、「何が何でも目標を達成しなければならない」と読者を煽ったりもしません。非現実的な目標や、年月の経過と共に価値を見出せなくなった目標は、潔くあきらめることも大切だと言います。さらに、いたずらに富や名声を追い求めることではなく、人間にとって真の幸福感を味わえる目標は何かをも教えてくれます。これほど有意義で、実践的で、素晴らしい価値を持った知恵はそうはありません。

本書で得た知識は、減量や禁煙などの一般的な目標はもちろん、日常生活での小さな行動の変化や、「幸福感や充実感を味わう時間を多く過ごす」「大切な人と良好な人間関係を築く」といった大きく価値のある目標まで、さまざまな局面で活用できます。本書の内容を理解し、それを日々の暮らしで実践していくことは、多くの読者にとって一生モノの宝物になるはずです。この本で得たことを、皆さんが家庭や職場、学校のなかで生かし、充実した日々を過ごされることを願ってやみません。

本書は二〇一三年に刊行され、多くの読者の皆様のご好評を得て、この度文庫化の運びとなりました。

本書がロングセラーとなったのは、口コミで面白さを周りに伝えてくださった多くの方々のおかげです。またメンタリスト・作家として大活躍中のＤａｉＧｏ氏や、ブログ『パレオな男』や著書『最高の体調』で現在大きな注目を集めている鈴木祐氏も、各所で言及や紹介をしていただきました。すべての皆様に、深く感謝いたします。

本書の翻訳に際しては、当時の担当編集者三浦岳氏に、温かいサポートとともに細やかな配慮をいただきました。

文庫化に際しては、大和書房編集部の渡邊真彩氏に大変御世話になりました。心よりお礼申し上げます。

児島 修

本作品は小社より二〇一三年一〇月に刊行されました。

ハイディ・グラント・ハルバーソン
社会心理学者。コロンビア大学ビジネススクール・モチベーションサイエンスセンター副所長。コロンビア大学で博士号を取得（社会心理学）。アメリカ心理学会他で幅広く活動する、モチベーションと目標達成の分野の第一人者。目標達成能力、自己管理能力、幸福感を高めるための最適なアプローチを研究している。「ハーバード・ビジネス・レビュー」「フォーブス」などに論説を寄稿。夫、ふたりの子どもとペンシルバニア州に在住。

児島 修（こじま・おさむ）
英日翻訳者。立命館大学文学部卒（心理学専攻）。訳書に『ＵＣＬＡ医学部教授が教える科学的に証明された究極の「なし遂げる力」』（東洋経済新報社）、『人に頼む技術』（徳間書店）などがある。

だいわ文庫

やってのける
意志力《いしりょく》を使《つか》わずに自分《じぶん》を動《うご》かす

著者　ハイディ・グラント・ハルバーソン
訳者　児島《こじま》 修《おさむ》

二〇一九年一一月一五日第一刷発行

発行者　佐藤 靖
発行所　大和《だいわ》書房
東京都文京区関口一－三三－四 〒一一二－〇〇一四
電話 〇三－三二〇三－四五一一

フォーマットデザイン　鈴木成一デザイン室
本文デザイン　水戸部 功
本文印刷　シナノ
カバー印刷　山一印刷
製本　小泉製本

ISBN978-4-479-30790-7
乱丁本・落丁本はお取り替えいたします。
http://www.daiwashobo.co.jp